Meu primeiro jantar
vegetariano

Meu primeiro jantar
vegetariano

Alice Hart

Fotografias de Lisa Linder

EDITORA BOCCATO senaC

Introdução	6
Brunchs e cafés da manhã	20
Petiscos	38
Saladas grandiosas	72
Sopas	106
Pães	128
Pratos rápidos	140
Pratos únicos e assados	170
Banquetes	202
Indispensáveis	232
Ideias de cardápios	246
Glossário	250
Índice	252

Este livro **homenageia** os maravilhosos produtos que constituem a base da dieta vegetariana.

Seu objetivo é **convencer** até mesmo os carnívoros mais convictos a consumirem carne com menos frequência e também mostrar que **cozinhar sem esse ingrediente** não é necessariamente enfadonho e sem graça. Um pouco de preparo, uma pitada de originalidade e **produtos frescos da estação** serão o suficiente para que você prepare pratos nutritivos, apetitosos e saborosos.

Não é necessário tornar-se um vegetariano completo. Talvez você deseje apenas **reduzir** o seu consumo de carne, por motivos nutricionais ou ambientais. Pode ser que você sinta que a **carne não é indispensável**, ou que é difícil de incluir em cada refeição. E você tem razão! Muito frequentemente, os legumes são "o primo pobre", ou o mal necessário que deve acompanhar a estrela do prato: a carne. O que queremos é devolver aos cereais, às leguminosas, às ervas e às frutas **o lugar que eles merecem** na nossa alimentação.

Nossa época é ideal para **adotarmos a culinária vegetariana**. De fato, nossos ancestrais ficariam surpresos frente à multiplicidade de produtos que temos hoje à nossa disposição. Como resistir ao suculento tomate com cor de pôr do sol, à **polpa adocicada da abóbora**, aos perfumes inebriantes das ervas aromáticas? Cozinhar sem carne também é fazer descobertas, **conhecer novos produtos** e outras maneiras de utilizá-los. As receitas deste livro são **inspiradas** em tradições gastronômicas do mundo inteiro, de pratos típicos ricos em temperos da África do Norte até os **delicados sabores** do Vietnã.

Uma das intenções deste livro é provar que a culinária vegetariana **não é um tédio**. Se você se sente preso, limitado, como muitos de nós, a uma rotina gastronômica, a **cozinha vegetariana** oferece a possibilidade de sair dessa rota habitual e seguir o **ritmo das estações**.

A DESPENSA IDEAL DO COZINHEIRO VEGETARIANO

Castanhas (embaladas a vácuo ou em forma de purê)
Frutas secas
Aveia em flocos
Levedura desidratada
Chocolate amargo
Baunilha em favas e em extrato (essência)
Água de rosas
Água de flor de laranjeira
Chutneys e temperos
Limão desidratado (cristalizado)
Molho de pimenta
Algas secas
Legumes em conserva para antepastos/aperitivos
Mostardas diversas
Tahini
Manteigas diversas
Açúcares e mel
Xarope de bordo (xarope de maple)
Vinagres e vinhos
Azeites e óleos
Temperos diversos
Melaço de cana-de-açúcar
Azeitonas
Alcaparras
Pasta de missô
Cogumelos desidratados
Cereais e arroz
Farinhas
Coco (leite, creme e lascas)
Molho de soja ou Tamari
Tomate em conserva (e também os molhos concentrados e o suco de tomate)
Legumes desidratados (e também em conserva)
Oleaginosos e sementes
Macarrão e talharim (massas)
Sal marinho
Pimentas em grãos (preta, branca e de Sichuan)

PARA O FREEZER

Farinha de rosca
Folhas de limoeiro kaffir
Queijo parmesão
Massa para won ton
Massa para tortas
Ervilhas
Edamame (soja verde)

8 Introdução

Encontrar o equilíbrio

Já foi comprovado que os vegetarianos são menos suscetíveis a ter doenças coronarianas, à obesidade, à hipertensão, entre outros problemas de saúde. Isso ocorre pelo fato de que uma dieta sem carne é mais rica em glucídios, em ácidos graxos como o ômega-6, em fibras, em vitaminas e minerais, e é relativamente pobre em gorduras saturadas e em colesterol. Por outro lado, há evidências de que um vegetariano pode apresentar deficiência em proteínas, em ferro, em zinco, em vitamina B12, em cálcio e em ômega-3. No entanto, essas deficiências podem ser supridas ao variar o máximo possível os alimentos e ao consumir muitas frutas, legumes, verduras, cereais integrais, oleaginosos, sementes e leguminosas.

Fontes de proteínas

Um adulto deve consumir em média 50 g de proteína por dia, o que não é muito, até mesmo para uma dieta vegetariana. Os legumes desidratados, os oleaginosos, as sementes, a soja, as folhas dos legumes, os ovos, o queijo, o leite, o iogurte e os cereais integrais são todos produtos ricos em proteínas. Quando for possível, associe legumes desidratados com cereais integrais, oleaginosos e sementes, para obter proteínas "completas" e fornecer ao seu organismo os aminoácidos que ele precisa.

EXEMPLO DE CARDÁPIO QUE SUPRE AS NECESSIDADES DIÁRIAS DE PROTEÍNA

Café da manhã
IOGURTE COM GRANOLA OU MÜSLIX
(15 G DE PROTEÍNA)

Almoço
HOMUS, PÃO SÍRIO E SALADA
(15 G DE PROTEÍNA)

Lanche da tarde
MILK-SHAKE DE AMORA
(10 G DE PROTEÍNA)

Jantar
NHOQUE DE RICOTA E LEGUMES VERDES REFOGADOS
(15 G DE PROTEÍNA)

PARA SER IDEAL, UMA DIETA SEM CARNE DEVE CONTER TODOS OS DIAS

três
PORÇÕES DE FECULENTOS, COMO OS CEREAIS OU AS BATATAS

cinco
PORÇÕES (NO MÍNIMO) DE FRUTAS E LEGUMES

três
PORÇÕES DE ALIMENTOS RICOS EM PROTEÍNAS, COMO OS LEGUMES DESIDRATADOS, O TOFU, OS OVOS, OS OLEAGINOSOS OU AS SEMENTES

duas
PORÇÕES DE LATICÍNIOS, COMO O LEITE, O QUEIJO OU O IOGURTE

três
PORÇÕES (NO MÁXIMO) DE AZEITE/ÓLEO, GORDURA OU AÇÚCAR

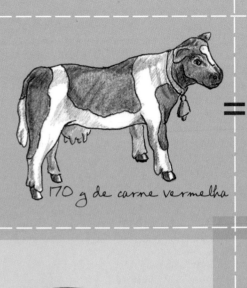  

170 g de carne vermelha = 200 g de amendoim = 47 g de proteínas

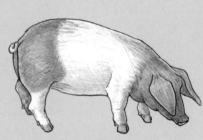  

2 salsichas de carne de porco = 240 g de lentilhas vermelhas = 20 g de proteínas

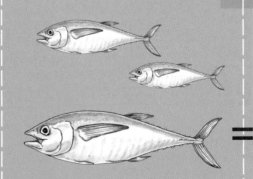 

½ lata de atum = 3 ovos grandes = 18 g de proteínas

Equivalências aproximadas entre dietas carnívoras e vegetarianas

Comer no ritmo das estações

Para obter o máximo sabor e os benefícios nutricionais dos legumes e das frutas, escolha de preferência os produtos maduros, cultivados

Janeiro, fevereiro e março
Abóbora, berinjela, chuchu, couve, jiló, milho, pepino, quiabo, vagem.

Abril, maio e junho
Abóbora, agrião, mandioca (aipim), batata-doce, jiló, brócolis, chicória, inhame, milho, nabo.

Julho, agosto e setembro
Abóbora, abobrinha, agrião, mandioca (aipim), alface, batata-baroa (mandioquinha), beterraba, brócolis, cenoura, chicória, chuchu, couve, couve-flor, espinafre, mostarda.

Outubro, novembro e dezembro
Abobrinha, agrião, alface, batata, bertalha, beterraba, brócolis, cenoura, couve, espinafre, inhame, pepino, quiabo, vagem.

localmente e recém-colhidos. Coma o que a estação tem para oferecer. Segue um calendário que poderá orientar suas compras.

Calendário válido para o Brasil

Abacate, banana-prata, caqui, figo, fruta-do-conde, limão, maçã, manga, maracujá, melancia, melão, pera, uva.

Abacate, banana-d'água, banana-maçã, coco, fruta-do-conde, goiaba, limão, laranja-lima, laranja-baía, laranja-seleta, maçã, mamão, maracujá, tangerina.

Abacate, banana-prata, banana-maçã, banana-d'água, goiaba, jabuticaba, laranja-lima, melão, melancia, morango, tangerina.

Banana-prata, goiaba, laranja-natal, laranja-pera, manga, mamão, melancia, melão, uva.

Se você escolheu a opção de não comer carne, pode-se dizer que entrou para uma tribo bem frequentada. O panteão vegetariano foi ocupado por personalidades famosas ao longo dos séculos, vindas do meio artístico, científico, político e religioso.

12 Introdução

Os indispensáveis

Cogumelos e ervas aromáticas

Coma cogumelos, pois...
Se você gosta de carne, mas quer reduzir o seu consumo, muitos cogumelos – particularmente o agaricus campestre – apresentam uma textura e um gosto suculento que lembram a carne.

Quais cogumelos escolher?
Chanterelles dourados, enokis refinados, saborosos cogumelos Paris, sépias suculentos – para citar apenas alguns. Quando for a época de cogumelos, aproveite ao máximo e seja criativo! Se faltar inspiração, refogue-os com um pouco de manteiga, uma pitada de alho triturado e ervas finas picadas; saboreie-os sobre torradas. Simplesmente divino...

Não esqueça...
As ervas aromáticas alegram a culinária: não as deixe de lado. Os poderosos alecrim, sálvia e louro precisam de um certo tempo para impregnar os seus vizinhos na panela; portanto, é preciso colocá-los no início do cozimento do prato. Por outro lado, os delicados manjericão, salsinha e coentro devem ser adicionados ao final da preparação do prato, para que conservem todo o seu sabor.

Legumes e frutas

A regra de ouro
Com as frutas e os legumes tendemos a ser conservadores, ou seja, ousamos pouco. Tente inovar de vez em quando. Não quer dizer que deva necessariamente escolher frutas e legumes exóticos, mesmo que seja altamente recomendável fazê-lo, desde que sejam da estação, orgânicos e estejam maduros. Significa apenas que não existem somente legumes cozidos na vida: desligue de vez em quando o piloto automático e inove!

Você já tentou...
... espalhar sobre um prato as sementes de legumes torradas ou refogá-las com uma colher de manteiga? São necessários apenas alguns segundos para transformar um prato corriqueiro em algo maravilhoso. Aprenda a conhecer melhor os produtos e ingredientes locais. Por exemplo, existem vários tipos de saladas verdes que você não poderá apreciar, conhecer suas características e peculiaridades se não abrir mão das saladas prontas.

Os indispensáveis
A maravilhosa cebola e seu primo, o alho, são os pivôs da culinária vegetariana. Eles revelam todo o esplendor de sua personalidade quando os refogamos delicadamente em uma frigideira ou quando os assamos lentamente no forno, com azeite ou na manteiga. Não podemos esquecer da geleia de cebola, que pode ser utilizada em algumas receitas ou saboreada sobre uma fatia de pão ou com um queijo forte.

Último detalhe
Uma despensa digna desse nome não está completa sem limão. Um fio de seu suco por aqui, uma raspa de sua casca por ali podem dar ânimo, reforçar ou transformar todos os tipos de pratos, salgados ou doces.

Joias da culinária
Estes grãos deliciosos (feijões, lentilhas, amendoins, ervilhas, grãos de soja etc.) vão desde branco cremoso ou rosa manchado ao vermelho vivo e ao cinza. São pobres em gorduras, mas ricos em proteínas e em nutrientes, particularmente em vitaminas B, em ferro e cálcio. Inclusive, são agradáveis ao toque! As leguminosas realmente têm tudo para agradar.

Simples como um bom dia
Cozinhar leguminosas? Não há nada mais simples do que isso. As lentilhas e as ervilhas secas não precisam ficar de molho. Os feijões secos devem permanecer em água entre 8 e 12 horas: deixe-os de molho em um recipiente com água antes de se preparar para dormir; na manhã seguinte, eles estarão gordinhos e prontos para serem cozidos quando você acordar! Se você esqueceu de deixá-los de molho, cubra-os com água e ferva por alguns minutos em fogo alto, depois deixe descansar por duas horas antes de cozinhá-los. Não salgue a água, pois o sal endurece a pele das leguminosas.

Sabores extraordinários
Ervas aromáticas poderosas ou legumes saborosos adicionados na água de cozimento das leguminosas potencializarão o sabor do seu prato. Depois, esmague-os, reduzindo-os a um purê fino, faça uma espécie de bolachas pequenas ou os adicione à salada ou ao ensopado. Apenas regue com um fio de azeite ou decore com uma pitada de ervas aromáticas ou de especiarias; as leguminosas mantêm o seu valor nessa aposta de vários sabores.

Leguminosas

Oleaginosos, sementes e azeites

Você sabia?
Os oleaginosos e as sementes são polivalentes: podem ser utilizados torrados, moídos, inteiros, germinados, marinados no azeite, misturados à manteiga ou transformados em leite. Eles podem modificar totalmente um prato comum em uma refeição de festa e trazer consistência e sabor a sopas, cozidos e legumes.

Banquete suntuoso
São minúsculas bombas nutritivas: ricos em fibras e em nutrientes, eles também são uma excelente fonte de proteínas. Agora sabemos que as gorduras contidas em frutas oleaginosas são amplamente mono ou poli-insaturadas – o que é um bom sinal segundo os nutricionistas. No entanto, não se deve consumi-las excessivamente: uma pequena quantidade é suficiente para enriquecer um prato.

Por que não tentar...
... utilizar óleos de frutas oleaginosas ou de sementes, extraídos a frio, para realçar o sabor dos legumes cozidos no vapor, ou adicioná-los no último minuto para que o cozimento não altere o seu sabor? Cuide bem de seus óleos especiais guardando-os ao abrigo da luz: assim eles conservarão todo o seu frescor.
Também é possível fazer "manteigas" cremosas com castanhas de caju, de amêndoas, de macadâmias, de avelãs ou de nozes e ainda fazer uma mistura de sementes para espalhá-la sobre os pratos e aguçar ainda mais o paladar.

Arroz e cereais

Coma-os, pois ...
....pertencem à mesma família, são econômicos, saborosos e nutritivos. Eles são a base de vários tipos de pratos e de produtos tão diversos quanto o álcool, o leite e as massas.

Qual arroz escolher?
Descubra alguns tipos de arroz e facilmente você poderá escolher o mais indicado para cada receita. O arroz de grãos longos, finos e delicados não cola após o cozimento e fica soltinho, sendo ideal para currys e para pratos com molho. O arroz de grão médio ou arredondado é gordinho e mais rico em amido: é o tipo de arroz que cola depois de cozido. O arroz de grão médio é aquele utilizado para fazer paella. O arroz redondo serve para fazer sobremesas cremosas e risotos.

Explore!
O arroz integral e o arroz selvagem (de família botânica distinta, mas trata-se do mesmo cereal) são mais delicados para cozinhar que o arroz branco, mas o resultado vale a pena. Procure nas prateleiras de sua mercearia favorita e convide para dentro de sua cozinha cereais originais como o cuscuz, a quinoa, a cevada, o amaranto, o trigo fino etc.

Ponto de vista prático
Estocar o arroz e os cereais em recipientes hermeticamente fechados, não serve apenas para manter a limpeza das prateleiras e dos armários, mas também para impedir que esses alimentos estraguem. Cereais ou arroz cozidos deixados à temperatura ambiente favorecem a multiplicação de bactérias: sirva-os assim que estiverem prontos e coloque-os na geladeira no máximo uma hora após o cozimento.

Produtos lácteos e ovos

Tesouros cremosos
O leite, a manteiga, o creme de leite, o queijo e o iogurte são ingredientes de base das sobremesas e da confeitaria, mas eles também ocupam um lugar privilegiado na culinária vegetariana. Um toque de creme de leite em uma sopa, uma colher de chá de manteiga em um molho, algumas lascas de queijo em uma salada: tantos pequenos detalhes que podem realçar o sabor de um prato comum. Uma bola de burrata ou de ricota assada no forno certamente não deixarão um carnívoro passar fome.

Como consumi-los
Há tantas possibilidades... Alguns queijos são melhores "in natura", outros ganham sabor ao serem derretidos. O iogurte pode se transformar em um queijo, em especial no Labna: quando ele é feito em um quadrado de musselina, o Labna toma formas muito estéticas, tão agradáveis de serem vistas quanto de serem saboreadas. Alguns queijos utilizados neste livro, principalmente o parmesão, são fabricados a partir de coalho animal. Há também queijos sem a utilização de coalho animal, para os vegetarianos mais rigorosos.

Naturalmente práticos
Os ovos trazem substância a uma refeição sem carne, pois são ricos em proteína e consequentemente satisfazem o apetite. Eles são sensíveis ao calor e, portanto, delicados durante o cozimento. O truque é não deixá-los cozer demais: qual o objetivo de servir o aipo em tiras com um maravilhoso ovo de pato se a gema não está mole? Se você quer ovos saborosos, com a gema luminosa e a clara espessa, escolha os orgânicos.

Introdução 19

Brunchs & cafés da manhã

Capítulo 1

O leite de amêndoas, levemente adocicado, acompanha favoravelmente a aveia em flocos. Podem ser consumidos frios, mas no inverno a versão quente é irresistível. Obviamente, o leite de amêndoas pode ser substituído por qualquer outro tipo de leite.

Aveia em flocos ao leite de amêndoas e xarope de bordo

PARA 4 PESSOAS
PREPARO: 10 MINUTOS
MACERAÇÃO: 1 NOITE
COZIMENTO: 5 MINUTOS

200 g de aveia em flocos

½ casca da canela (canela em pau)

500 ml de leite de amêndoas fresco sem açúcar

50 g de tâmaras sem caroço picadas

50 g de amêndoas cortadas em lâminas e ligeiramente torradas

1 fio de xarope de bordo (xarope de maple)

Deixe a aveia em flocos e a canela de molho na metade do leite de amêndoas durante uma noite inteira, na geladeira. Os flocos da aveia vão amolecer na medida certa e, assim, poderão ser apreciados frios, in natura, com as tâmaras, as amêndoas e o de xarope de bordo.

Se você optar pela versão quente, coloque a mistura em uma panela com o resto do leite de amêndoas. Aqueça por alguns minutos em fogo baixo, mexendo constantemente, até que a mistura se torne espessa e cremosa. Se estiver muito grossa, adicione um pouco de água.

Retire a canela e divida o mingau em potes aquecidos. Espalhe as tâmaras picadas e as amêndoas em lâminas. Regue com um fio de xarope de bordo.

Algumas especialidades não gostam de ser catalogadas. É o caso deste grande clássico feito de antípodas – pequenos bocados de ricota com manjericão e pimenta –, que pode ser servido no café da manhã, no brunch, no almoço ou no jantar. A geleia de pimentão, deliciosamente adocicada, traz mais sabor ao prato.

Bocados de ricota no forno com abacate

PARA 4 PESSOAS
PREPARO: 15 MINUTOS
COZIMENTO: 20 À 25 MINUTOS

500 g de ricota escorrida (sem água)

2 colheres de sopa de queijo pecorino ou de queijo parmesão finamente ralado

1 pimenta vermelha sem semente e finamente picada

2 colheres de sopa de manjericão picado

2 ovos ligeiramente batidos

Azeite de oliva

4 fatias espessas de pão feito com fermento natural, torradas

2 abacates maduros cortados ao meio, sem caroço e em fatias

1 buquê de rúcula

geleia de pimentão (página 242), para acompanhar

sal, pimenta

Preaqueça o forno à temperatura de 190 °C. Bata a ricota com o pecorino (ou parmesão), a pimenta picada, o manjericão e os ovos. Adicione generosamente a pimenta moída e salgue sem excesso.

Unte levemente quatro fôrmas de 180 ml de conteúdo ou uma travessa refratária. Despeje a mistura de ricota nesse(s) recipiente(s). Deixe no forno por 20 minutos (25 minutos para a travessa refratária). Deixe descansar por alguns instantes, depois passe a lâmina da faca pelos cantos da fôrma e desenforme.

Espalhe essa mistura de queijo sobre o pão torrado, regue com um filete de azeite de oliva, adicione algumas fatias de abacate, folhas de rúcula e um pouco de geleia de pimentão.

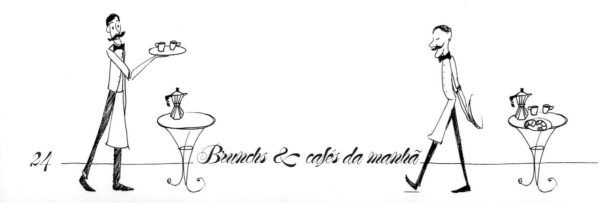

Comece a preparar este prato na véspera, para que os flocos da aveia tenham tempo de ficar impregnados com o leite. Você pode substituir o leite de vaca por leite de nozes ou de soja, assim como o xarope de agave por um mel suave ou por um pouco de suco de frutas diluído.

Müslix com peras e nozes

PARA 2 PESSOAS
MACERAÇÃO: 1 NOITE
PREPARO: 10 MINUTOS

- 2 peras firmes raladas (ralo grosso)
- 1 fio de suco de limão
- 120 g de aveia em flocos
- 2 colheres de sopa de mistura de sementes
- 2 colheres de sopa de nozes picadas
- 1 colher de sopa de xarope de agave ou de mel líquido
- 100 ml de suco de frutas frescas (pera ou maçã)
- 100 ml de leite ou de água
- 2 colheres de sopa de iogurte natural

Algumas nozes e algumas fatias de pera para a finalização. Na véspera, misture as peras raladas e o suco de limão para evitar que elas oxidem. Adicione a aveia em flocos, as sementes e uma colher de sopa de nozes picadas. Incorpore o xarope de agave (ou o mel), o suco de frutas e o leite (ou a água). Misture delicadamente, cubra, e coloque na geladeira.

No dia seguinte, adicione uma generosa colher de sopa de iogurte natural e o restante das nozes picadas. Divida o müslix em duas taças. Por fim, coloque o resto do iogurte, algumas nozes e as fatias de pera.

O delicioso leite de nozes, assim como o leite de sementes, pode ser conservado por até três dias na geladeira. Para que o líquido fique homogêneo, adicione um pouco de água quente e de sementes de linhaça na hora de bater os ingredientes no liquidificador. Dessa forma, você terá um leite extremamente cremoso.

Como fazer leite de nozes?

etapa 2

Se o leite é para preparar uma receita refinada ou se você preferir que ele fique particularmente homogêneo e liso, elimine as películas que não se desprenderam durante o tempo da maceração. As amêndoas são fáceis de serem descascadas quando passadas em água fervendo. Basta escaldá-las, cortar a película com uma faca e depois extrair a amêndoa branca ao apertá-la entre os dedos. Outros frutos secos, principalmente as nozes da nogueira e as nozes pecãs, deverão ser amassadas energicamente em um pano limpo, de maneira a retirar toda a pele que for possível.

etapa 1

Deixe de molho 100 g de nozes sem casca (ou de sementes – veja o desenho acima) em uma grande quantidade de água fria. Coloque o recipiente em local fresco por no mínimo 8 horas, e, se possível, até o dia seguinte. Esse passo deixará as nozes (ou sementes) amolecidas e inchadas.

etapa 3

Coloque as nozes ou as sementes em um liquidificador com 450 ml de água quente. Adicione uma colher de sopa de semente de linhaça se você tiver, para facilitar a emulsão (opcional). Deixe o liquidificador na velocidade máxima por 2 minutos, até que a mistura esteja bem lisa.

Nozes de pecã, amêndoas, sementes de abóbora, sementes de gergelim, amendoim, nozes, castanha de caju, semente de girassol, noz de macadâmia, avelãs e pistaches; todas podem ser utilizadas para se fazer leite, sozinhas ou misturadas. Entretanto, tome cuidado para que todos os frutos e as sementes, se possível, sejam orgânicos e não sejam torrados.

etapa 5

Para finalizar, junte as musselines e esprema o conteúdo para extrair o líquido.

etapa 4

Revista uma peneira com duas camadas de musseline, depois coloque-a sobre um pote ou uma tigela. Despeje lentamente o leite para que os eventuais caroços sejam retidos.

etapa 6

Você pode adoçar o leite com uma ou duas colheres de sopa de xarope de bordo, de mel ou de açúcar mascavo. Você também pode adicionar algumas tâmaras sem caroço. Nesse caso, despeje o leite em um liquidificador limpo, adicione o açúcar de sua escolha e bata. Não adicione nada se o leite for utilizado para fazer alguma sobremesa, um smoothie ou um milk-shake. Para dar um sabor, você pode também colocar sementes de baunilha, de canela, de noz moscada ou de cacau. Se preferir um leite mais diluído, adicione um pouco de água. Utilize-o enquanto estiver quente ou conserve-o na geladeira.

Como fazer leite de nozes? 29

Se você tiver 15 minutos, deliciosos e belos paninis poderão substituir o habitual pote de cereais do café da manhã. Embale-os em papel alumínio para mantê-los quentes durante 10 minutos, o tempo certo até pegar o ônibus para chegar ao seu trabalho, e... aprecie!

Paninis com queijo de cabra e tomates grelhados

PARA 2 PANINIS
PREPARO: 15 MINUTOS
COZIMENTO: 5 MINUTOS

2 pães para fazer paninis

1 tomate grande cortado em fatias de 5 mm de espessura

75 g de queijo de cabra fresco

folhas de 3 ramos de estragão

1 fio de azeite de oliva

Divida o pão em dois. Se for muito espesso, fatie em três e só guarde as partes com crosta (você pode fazer farinha de rosca com o miolo).

Aqueça uma frigideira antiaderente em fogo alto. Quando a frigideira estiver bem quente, coloque as fatias de tomate (lado cortado virado para baixo para as duas fatias externas) e deixe-os grelhar em fogo alto, sem mexer; depois, abaixe o fogo e ainda deixe por mais um minuto. Retire as fatias de tomate da frigideira com uma espátula e reserve.

Misture o queijo de cabra com o estragão. Espalhe essa mistura sobre a metade do pão. Coloque as fatias de tomate sobre o queijo e pressione firmemente. Pincele azeite de oliva levemente.

Ligue uma sanduicheira elétrica, se você possuir uma, ou aqueça uma frigideira espessa. Se utilizar uma sanduicheira, coloque os paninis quando a placa estiver bem quente e feche o aparelho pressionando os pães durante o cozimento. Deixe cozinhar por pelo menos 2 minutos ou siga as instruções do fabricante do aparelho. Se você utilizar uma frigideira espessa, coloque os paninis sobre a sua superfície bem quente. Ponha diretamente sobre os pães uma frigideira menor bem pesada e pressione o bastante para achatá-los. Cozinhe por 1 a 2 minutos em fogo médio. Vire os paninis, coloque novamente a frigideira menor sobre os pães e continue cozinhando por mais um minuto. Independente do modo escolhido para cozinhá-los, você deve comê-los quentes.

O milk-shake de amora não é necessariamente a escolha mais sensata... mas é tão bom! Utilize iogurte congelado – natural, com baunilha ou com frutas – ou, para uma versão ainda menos sábia, substitua o iogurte por uma colher de sorvete de baunilha e o mel por duas colheres de café de açúcar. As sementes de linhaça servem como emulsificante.

Milk-shake de amora
Smoothie de manga-caju

PARA 2 COPOS POR RECEITA
MACERAÇÃO PARA O SMOOTHIE: 1 NOITE
PRAPARO: 20 MINUTOS

PARA O MILK-SHAKE DE AMORA:

1 fava de baunilha

300 g de amoras frescas ou congeladas

1 dose generosa de mel suave líquido

2 colheres (bem cheias) de iogurte congelado

400 ml de leite gelado

PARA O SMOOTHIE DE MANGA-CAJU

100 g de castanha de caju não salgado

300 ml de água gelada

1 manga bem madura sem caroço e cortada em pedaços

1 banana pequena cortada em rodelas

3 cubos de gelo picados

1 colher de sopa de linhaça dourada

1 colher de sopa de aveia em flocos

Milk-shake de amora

Divida a fava de baunilha em duas partes. Raspe as sementes com a ponta de uma faca sobre o liquidificador (você pode perfumar um pote de açúcar com a fava vazia). Adicione o restante dos ingredientes no liquidificador e bata. Em seguida, divida o milk-shake em dois grandes copos. E pronto!

Smoothie de manga-caju

Deixe de molho as castanhas de caju, durante uma noite inteira, em uma grande quantidade de água fria, para que elas amoleçam. No dia seguinte, pela manhã, escorra a água e coloque-as em um liquidificador com 100 ml de água gelada. Bata até obter uma massa. Sem desligar o liquidificador, coloque mais 200 ml de água gelada e deixe bater por aproximadamente 2 minutos, até que a misture se torne leitosa, untuosa e lisa. Adicione o restante dos ingredientes que faltam e bata por mais 1 minuto, até que o smoothie fique bem liso. Coloque a mistura em dois grandes copos e beba em seguida.

Prepare uma grande quantidade de müslix para comer no café da manhã durante doze dias, ou para petiscar durante a tarde. Uma geleia de frutas da estação combinará perfeitamente com este müslix crocante, mas, para um casamento perfeito, adicione geleia de ruibarbo com açúcar sabor de baunilha.

Müslix crocante com mel e sementes de abóbora

PARA 12 POTES
PREPARO: 10 MINUTOS
COZIMENTO: 30 MINUTOS

500 g de aveia em flocos

2 colheres de sopa de farelo de trigo (opcional)

100 g de sementes de abóbora

50 g de sementes de girassol

50 g de sementes de gergelim

50 g de coco ralado (sem açúcar)

100 ml de óleo de semente de abóbora ou de girassol

120 g de mel suave líquido

Iogurte natural ou leite, para servir

Preaqueça o forno à temperatura de 150 °C. Revista duas fôrmas em forma de tabuleiro com papel vegetal. Misture todos os ingredientes (exceto o iogurte) em uma tigela grande, até que o azeite e o mel tenham envolvido toda a mistura. Espalhe essa mistura sobre as fôrmas e coloque-as no forno por 30 minutos, mexendo e misturando a preparação três vezes ao longo do cozimento, para que doure uniformemente. O müslix deve ficar bem dourado e exalar um cheiro agradável de grãos torrados. Deixe esfriar antes de encher os frascos e de fechá-los hermeticamente. Sirva este müslix em potes, com iogurte ou com leite, e eventualmente com um pouco de geleia ou com pedaços de frutas frescas.

VARIAÇÕES

Damasco e amêndoa
Substitua o mel e o óleo de semente de abóbora por xarope de bordo e por óleo de amêndoa, assim como as sementes de abóbora por amêndoas picadas. Substitua o coco por 100 g de damasco seco picado, que você deve colocar no forno por apenas 10 minutos, antes do final do cozimento.

Cereja e coco
Aumente a quantidade de coco para 75 g e utilize óleo de girassol. Substitua as sementes de abóbora e de girassol por 100 g de pistache moído. Adicione 100 g de cerejas secas (que devem ir ao forno por apenas 10 minutos, antes do final do cozimento). Sirva com cerejas frescas.

Chocolate e figo
Substitua o mel por xarope de agave e as sementes por 100 g de amêndoas em fatias. Adicione 100 g de figo seco, que deve ir ao forno por apenas 10 minutos, antes do final do cozimento. Quando o müslix estiver frio, adicione 100 g de chocolate amargo cortado em pedaços. Se delicie com leite frio.

Logicamente, é possível comprar iogurte em um supermercado ou em uma loja de produtos orgânicos, mas nada substitui o prazer de fazê-lo você mesmo. Assegure-se da higiene dos seus utensílios no decorrer da preparação, para evitar a proliferação de bactérias nocivas.

Como fazer iogurte?

etapa 1
Coloque 500 ml de leite em uma panela e esquente até ferver. Dependendo da sua escolha, por um iogurte mais ou menos gorduroso, utilize leite semidesnatado ou desnatado.

etapa 2
Retire a panela do fogo e espere o leite ficar morno, à temperatura de 45 °C. Se você não tiver um termômetro, teste a temperatura com o seu dedo. Se você puder mantê-lo no leite por 10 segundos, ele estará aproximadamente na temperatura ideal.

etapa 3
Retire a pele que se forma na superfície do leite, em seguida coloque duas colheres de sopa desse leite em um pote no qual você adicionará uma colher de sopa de iogurte (que contém as bactérias ácido láticas) comprado ou preparado por você com antecedência.

leite fresco

Você pode usar tanto o leite desnatado quanto o leite integral, mas este último dá origem a um iogurte mais espesso. Independente do tipo de leite utilizado, o iogurte é uma fonte sadia de proteínas, de cálcio, de magnésio e de vitaminas essenciais, cujos ácidos láticos ativos favorecem a boa digestão.

misture o leite quente

misture

8 horas

etapa 4

Coloque a mistura de leite e iogurte na panela e misture bem.

etapa 5

Coloque a mistura de leite quente em um recipiente limpo e fechado hermeticamente com tampa.

etapa 6

Feche a tampa e envolva o recipiente com um pano ou uma toalha. O coloque por 8 horas em um lugar quente. O seu iogurte estará pronto! Nesse estágio, deixe o iogurte em lugar fresco para interromper a fermentação lática e o consuma durante a semana. Você pode utilizar esse iogurte fresco como base para a sua próxima preparação.

Como fazer iogurte?

Comidinhas

Capítulo 2

Estas comidinhas leves e delicadas ganham corpo graças ao queijo. Você pode substituir a acelga, que tem um gostinho de terra, por espinafre (150 g), que deverá ser cozido no vapor, como a acelga.

Mini muffins de acelga e queijo brie

RENDE DE 12 A 24 MUFFINS
PREPARO: 20 MINUTOS
COZIMENTO: 15 MINUTOS

25 g de manteiga derretida + 1 colher de chá para untar a forma

150 g de acelga com folhas lavadas e picadas (reserve a parte das hastes – pecíolo)

190 g de farinha de trigo com fermento

2 colheres de sopa de queijo parmesão finamente ralado

1 pitada de sal

1 pitada generosa de noz moscada ralada na hora

175 ml de leite

1 ovo batido

75 g de queijo brie ou de queijo camembert cortado em pedaços

Preaqueça o forno à temperatura de 190 °C. Unte uma fôrma de muffins standard com 12 cavidades ou uma fôrma de mini muffins (24 cavidades) com um pouco de manteiga, ou forre as cavidades com formas de papel.

Corte as hastes da acelga em pedaços e as cozinhe no vapor por 4 minutos. Adicione as folhas e cozinhe por mais 1 minuto. Coloque tudo sobre um pano de cozinha limpo e pressione para retirar a água.

Em um recipiente, misture a farinha, uma colher de sopa de queijo parmesão, o sal e a noz moscada. Em outra tigela, misture o leite com a manteiga derretida e o ovo batido. Misture os dois preparos. Em seguida, adicione a acelga, o queijo brie ou o queijo camembert. Não bata excessivamente, pois isso comprometerá a maciez dos muffins (não há problema se ficarem alguns grumos).

Distribua a massa nas cavidades da fôrma. Salpique por cima da massa o restante do queijo parmesão ralado e leve ao forno por 15 minutos ou até que os muffins cresçam e fiquem dourados. Deixe esfriar ou os saboreie assim que saírem do forno.

Os falafels têm várias características, mas não são leves... Principalmente quando os fritamos. Aqui, faremos diferente. A abóbora combina perfeitamente com as especiarias e com o grão-de-bico para criar falafels com uma textura mais leve e ainda mais ricos em sabor.

Falafels de abóbora com coentro e iogurte com pepino

RENDE APROXIMADAMENTE 16 FALAFELS
PREPARO: 20 MINUTOS
REPOUSO: 30 MINUTOS
COZIMENTO: 50 MINUTOS

PARA OS FALAFELS:

500 g de abóbora sem sementes, cortada em pedaços

2 colheres de sopa de azeite de oliva

300 g de grão-de-bico cozido ou em conserva (sem a água)

2 dentes de alho picados de forma grosseira

½ colher de chá de bicarbonato de sódio

folhas de um pequeno maço de salsa (cortadas)

folhas de um pequeno maço de coentro (cortadas)

1 colher de chá de coentro em pó

1 colher de chá de cominho em pó

sal, pimenta

PARA O IOGURTE:

½ pepino descascado, sem as sementes e ralado de forma grosseira (ralo grosso)

300 g de iogurte natural integral

1 colher de sopa de suco de limão

sal, pimenta

Aqueça previamente o forno à temperatura de 200 °C. Cubra os pedaços de abóbora com uma colher de sopa de azeite de oliva. Tempere generosamente com sal e pimenta. Espalhe os pedaços de abóbora sobre uma fôrma e asse por aproximadamente 35 minutos, até que a abóbora esteja bem macia e caramelizada. Deixe esfriar.

Coloque o grão de bico escorrido (sem água) em um processador de alimentos com o alho, o bicarbonato, a salsinha, as folhas de coentro, o coentro em pó e o cominho. Ligue o aparelho e interrompa-o de vez em quando para limpar os cantos do recipiente com uma espátula. Quando a mistura estiver granulosa, desligue o processador e despeje o conteúdo em um grande recipiente. Coloque sal e pimenta à vontade.

Amasse grosseiramente a abóbora assada com um garfo e as adicione ao grão-de-bico. Misture tudo. Deixe na geladeira por 30 minutos.

Após esse tempo, retire da geladeira e coloque colheradas da massa de abóbora com grão-de-bico sobre uma fôrma coberta por papel manteiga, deixando espaços largos entre cada porção. Regue com o restante do azeite de oliva e asse de 15 a 20 minutos à temperatura de 200 °C, ou até que a parte de baixo dos falafels fique dourada.

Para preparar o iogurte, despeje o pepino ralado em um coador ou em uma peneira, salpique com sal e deixe escorrer por 20 minutos. Retire bem a água e esprema em um pano limpo. Misture o pepino com o iogurte, o suco de limão, o sal e a pimenta de acordo com o seu gosto. Sirva o iogurte com pepino e os falafels e, eventualmente pão ázimo e uma salada de folhas verdes, que farão um sucesso tremendo como acompanhamento.

Você vai encontrar o vinagre preto em qualquer mercearia de artigos chineses. Se quiser, pode substituí-lo por duas colheres de sopa de vinagre de arroz. Estas trouxinhas não são tão fáceis de fazer, mas uma vez que se adquira a prática, consegue-se confeccioná-las facilmente, e quando as degustamos, ficamos felizes por não termos desistido.

Trouxinhas de couve e de cogumelos com molho de vinagre preto

RENDE APROXIMADAMENTE 36 TROUXINHAS
PREPARO: 20 MINUTOS
COZIMENTO: 25 MINUTOS

PARA O MOLHO:

4 colheres de sopa de molho de soja (shoyu)

3 colheres de sopa de vinagre preto

1 colher de chá de açúcar refinado

2 colheres de sopa de óleo apimentado

PARA AS TROUXINHAS:

100 g de couve (couve frisada ou couve portuguesa) picada em tiras bem finas

3 colheres de sopa de óleo vegetal

2 dentes de alho amassados

4 cm de gengibre finamente picado

150 g de cogumelo shitake cortado em pedaços pequenos

3 cebolas novas picadas

3 cenouras raladas

1 maço grande de coentro cortado

1 colher de chá de pimenta branca

1 colher de sopa de molho de soja

1 colher de chá de óleo de gergelim

1 pitada generosa de sal

36 discos pequenos de massa para wonton (ravióli chinês)

Primeiramente, prepare o molho misturando todos os ingredientes e reserve.

Corte a couve bem fininha. Esquente uma colher de sopa de óleo vegetal em uma panela wok grande, em fogo médio, com o alho e o gengibre. Cozinhe por aproximadamente 1 minuto, mexendo sempre, até crepitar. Adicione a couve, os cogumelos, as cebolas e as cenouras raladas. Refogue por aproximadamente 5 minutos, até que os ingredientes fiquem macios e que o líquido tenha evaporado.

Fora do fogão, adicione o coentro, depois a pimenta branca, o molho de soja, o óleo de gergelim e, por fim, o sal. Deixe esfriar um pouco.

Coloque 2 colheres de chá dessa mistura no centro de um círculo de massa. Esborrife ou pincele as bordas da massa com água. Dobre o círculo em dois, pressionando as bordas com a ponta dos dedos em 5 pontos, aproximadamente, de maneira firme, para lacrar completamente. Coloque a trouxinha sobre uma fôrma forrada com papel manteiga, de maneira que a parte lacrada fique virada para cima e que a parte de baixo esteja plana. Cubra com um pano de cozinha úmido, enquanto você prepara as demais trouxinhas.

Em uma frigideira grande antiaderente, esquente 1 colher de sopa de óleo vegetal em fogo médio. Coloque metade das trouxinhas na frigideira, com o lado plano virado para baixo. Frite por aproximadamente 2 minutos, sem mexer, até que a parte de baixo das trouxinhas esteja dourada. Despeje 200 ml de água, deixe ferver e reduza o fogo. Cubra a frigideira com uma tampa e deixe fervilhar por aproximadamente 8 minutos, até que toda a água tenha evaporado. Sirva em seguida, com a metade do molho de vinagre preto, e cozinhe o restante das trouxinhas.

A panelle é um tradicional tira-gosto italiano feito à base de farinha de grão-de-bico, preparada como a polenta. Tempere generosamente a massa e depois frite as panelles em uma frigideira até ficarem bem douradas. A caponata se conserva muito bem no refrigerador, por até duas semanas.

Panelles com caponata

RENDE APROXIMADAMENTE 25 PANELLES
PREPARO: 25 MINUTOS
REFRIGERAÇÃO: 30 MINUTOS
COZIMENTO: 50 MINUTOS

PARA A CAPONATA:

2 tomates médios

2 berinjelas cortadas em cubos

100 ml de azeite de oliva

1 cebola vermelha picada

2 ramos de salsão picados

50 g de azeitonas verdes sem caroço e cortadas ao meio

2 colheres de sopa de vinagre de vinho branco

2 colheres de sopa de açúcar refinado

2 colheres de sopa de pinhões ligeiramente torrados

sal, pimenta

PARA AS PANELLES:

4 colheres de sopa de azeite de oliva

150 g de farinha de grão-de-bico

Algumas folhas de salsinha para servir

Faça um corte na base dos tomates, depois, cubra-os com água fervendo. Deixe descansar por 1 minuto, escorra a água e descasque-os. Corte a polpa em pedaços.

Em uma frigideira grande, refogue os cubos de berinjela em 75 ml de azeite de oliva, mexendo até que eles fiquem dourados por inteiro. Tire a berinjela da frigideira e a coloque em um prato. Reserve. Reduza o fogo e coloque a cebola na frigideira, com o restante do azeite, até dourá-la também. Adicione o salsão e cozinhe por mais 1 minuto. Acrescente os tomates, as azeitonas, o vinagre, o açúcar, o pinhão e os cubos de berinjela. Cozinhe por 15 minutos em fogo baixo. Deixe esfriar à temperatura ambiente e tempere com sal e pimenta.

Para as panelles, despeje 390 ml de água em uma frigideira com uma colher de sopa de azeite de oliva. Acrescente a farinha de grão-de-bico aos poucos, misturando bem. Cozinhe em fogo médio, mexendo constantemente com uma colher de pau, até que engrosse (o processo é um pouco lento, dura aproximadamente 20 minutos). Coloque um pedaço de papel manteiga sobre uma tábua. Assim que estiver bem consistente, espalhe a mistura sobre o papel, formando uma camada de 1 cm de espessura.

Deixe descansar até que a massa esfrie e fique bem firme. Corte a massa em quadrados ou em losangos, que deverão ser fritos em uma frigideira com o restante do azeite de oliva, até que fiquem dourados e crocantes de ambos os lados. Recheie as panelles com um pouco de caponata, decore com folhas de salsinha e sirva.

Se a ideia de pequenas esferas perfeitas parece monótona, aperte levemente as bolinhas de queijo com um garfo. Em seguida, regue-as com um fio de azeite de oliva e sirva acompanhdas de um pão ázimo crocante que servirá de colher para pegar o queijo.

Colheradas de queijo com pimentão assado

PARA APROXIMADAMENTE 30 PORÇÕES
PREPARO: 15 MINUTOS

- 2 pimentões vermelhos refogados no azeite de oliva, escorridos e cortados
- 250 g de queijo de cabra fresco, de queijo cottage ou de Labna (página 50)
- 2 colheres de sopa de sementes de coentro torradas e moídas
- 1 colher de chá de pimenta do reino triturada
- 4 colheres de sopa de folhas de coentro cortadas
- 1 pitada de sal
- Azeite de oliva para a conservação (opcional)

Misture os pimentões e o queijo. Dessa mistura, retire colheradas de chá e molde as bolinhas.

Coloque as sementes de coentro, a pimenta do reino, as folhas de coentro cortadas e o sal em um recipiente. Misture tudo e depois transfira para um prato grande. Passe as bolinhas de queijo nesta mistura.

Sirva estas bolinhas saborosas com um pão de ázimo crocante. Você também pode colocá-las em um pote, cobrir com azeite de oliva e conservá-las por até duas semanas na geladeira.

Comidinhas

O Labna, queijo de iogurte, não é apenas apetitoso, mas também saboroso. Deixe-o marinar por um dia, antes de consumi-lo em saladas ou sobre pães frescos. Você pode conservá-lo por até duas semanas na geladeira, coberto com azeite.

Como fazer queijo Labna?

etapa 1
Lave e torça um pedaço de musseline em forma de quadrado, depois forre uma peneira tomando o cuidado para que o tecido ultrapasse as bordas desse utensílio. Apoie a peneira sobre um recipiente.

etapa 2
Misture 500 g de iogurte natural e ½ colher de chá de sal (ou 3 colheres de sopa de açúcar para a versão doce). Nesse momento, você pode adicionar algum sabor como raspas de limão, uma colher de chá de coentro em pó ou sementes de cominho, uma pitada de pimenta seca, ervas finas picadas ou as sementes de uma fava de baunilha.

etapa 3
Despeje o iogurte na peneira. Dobre as extremidades da musseline sobre o iogurte.

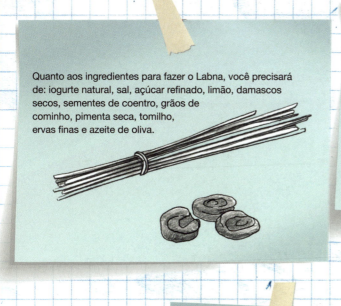

Quanto aos ingredientes para fazer o Labna, você precisará de: iogurte natural, sal, açúcar refinado, limão, damascos secos, sementes de coentro, grãos de cominho, pimenta seca, tomilho, ervas finas e azeite de oliva.

etapa 4

Coloque um prato pequeno sobre a musseline e, sobre ele, coloque uma lata de conserva ou uma garrafa. O peso não deve ser muito grande. Deixe descansar por até 15 horas em local fresco.

etapa 5

Quanto mais tempo você deixar descansar o Labna, mais firme ele ficará. Para acelerar o processo, pressione (torça) levemente a musseline para extrair a água do queijo. Retire delicadamente o tecido, desembale o Labna e o deposite sobre um prato. Ele terá uma forma arredondada (formato de uma cúpula), e ficará com as marcas da musseline.

etapa 6

Consuma o Labna "in natura" ou adicione ervas finas (versão salgada) ou frutas secas picadas (versão doce). Você também pode aproveitar o soro para fazer pão. O Labna pode ser conservado por até quatro dias na geladeira, em um recipiente bem fechado. Uma outra forma de guardá-lo, é fazer pequenas bolas de queijo e colocá-lo em um recipiente esterilizado. Cubra-as com azeite de oliva, adicione temperos fortes (alecrim ou tomilho) e algumas sementes de coentro. Deixe marinar por pelo menos um dia antes de saboreá-lo em uma salada ou sobre uma fatia de pão fresco.

Como fazer queijo Labna? 51

Qualquer flor de abóbora comestível pode ser usada, mas se você não encontrar esse ingrediente, escolha um legume da estação com sabor suave, aspargos, por exemplo. Este prato pode ser servido frio ou quente.

Mini omeletes de flores de abóbora e tomates

RENDE 12 MINI OMELETES
PREPARO: 10 MINUTOS
COZIMENTO: 15 A 20 MINUTOS

2 colheres de sopa de azeite de oliva + um fio para untar a forma

1 dente de alho picado (grande)

15 g de manteiga

150 g de tomate cereja

12 flores de abóbora

6 ovos grandes

100 ml de creme de leite líquido

1 punhado pequeno de manjericão

sal, pimenta-do-reino

Aqueça previamente o forno à temperatura de 200 °C. Unte uma fôrma de muffins (12 cavidades) com um fio de azeite de oliva.

Coloque 2 colheres de sopa de azeite de oliva em uma frigideira. Refogue o alho por alguns minutos em fogo baixo, mexendo constantemente. Aumente a chama do fogão e adicione a manteiga e os tomates. Cozinhe por mais 2 minutos e em seguida adicione as flores de abóbora. Continue a cozer por mais 1 minuto para amolecer as flores, e depois retire a frigideira do fogo. Reserve.

Bata os ovos, o creme de leite e o manjericão, todos juntos. Tempere generosamente com sal e pimenta. Despeje essa mistura nas cavidades da formas. Em seguida, divida os tomates com o alho e as flores de abóbora.

Asse de 15 a 20 minutos no forno, até que as mini omeletes tenham crescido e estejam douradas. Deixe descansar por alguns minutos e desenforme.

Este trio de sabores é uma homenagem à maciez e à profundidade: a sutileza do alho assado, a textura aveludada das cenouras, o sabor da avelã, das lentilhas e do tahini... Sirva as mousses em potes adornados por torradas crocantes.

Mousse de lentilha, homus de cenoura e torrada no alho

PARA 4 PESSOAS
PREPARO: 20 MINUTOS
COZIMENTO: 1H15

PARA AS TORRADAS NO ALHO ASSADO:

1 cabeça de alho

1 fio de azeite de oliva

1 pitada de sal

2 pães pequenos de grãos

PARA A MOUSSE DE LENTILHA:

175 g de lentilhas verdes lavadas e escorridas

4 tomates secos marinados em azeite

2 colheres de sopa de salsa picada

1 colher de sopa de suco de limão

sal, pimenta-do-reino

PARA O HOMUS DE CENOURA

2 cenouras grandes picadas

2 colheres de sopa de azeite de oliva

1 pitada de sal

300 g de grão-de-bico cozido ou em conserva (sem água)

1 colher de sopa de pasta de gergelim (tahini)

1 pitada de cardamomo em pó

1 colher de sopa de suco de limão

Prepare as torradas. Aqueça previamente o forno à temperatura de 200 °C. Separe os dentes de alho. Regue-os com um fio de azeite e em seguida os envolva com papel alumínio, sem apertar – mas embale bem. Asse por 30 minutos no forno, até que o alho fique amolecido.

Aperte os dentes de alho sobre um pote para extrair a polpa, amasse com um garfo e adicione um fio de azeite de oliva e sal. Corte pãezinhos em fatias com 5 mm de espessura. Passe essa mistura sobre as fatias de pão, dos dois lados. Coloque-as sobre uma fôrma e torre por alguns minutos no forno, até dourar as bordas.

Prepare a mousse de lentilha. Despeje as lentilhas em uma panela e cubra com 500 ml de água fria. Leve à fervura. Reduza o fogo e deixe fervilhar por aproximadamente 30 minutos, mexendo de vez em quando, até que toda a água seja absorvida. Coloque as lentilhas em um liquidificador. Adicione 1 colher de chá do preparo feito com alho, os tomates secos e um pouco do azeite em que estavam marinados, a salsa e o suco de limão. Bata até obter um purê grumoso; dilua-o com um pouco de água, se necessário. Tempere com sal e pimenta.

Prepare o homus de cenoura. Coloque as cenouras em uma panela e cubra o conteúdo com água. Adicione o azeite de oliva, o sal e leve à fervura. Deixe ferver por aproximadamente 8 minutos, até que as cenouras fiquem bem macias. Coloque tudo em um liquidificador, com o grão-de-bico, o tahini, o cardamomo, o suco de limão e uma colher de chá do preparo com alho. Reduza a mistura em purê. Sirva esse homus e a mousse de lentilha com as torradas no alho.

As pimentas Serrano ou pimentas verdes são pimentas longas e pontudas, que podem ser encontradas em supermercados ou em lojas especializadas. Escolha as verdes ou as vermelhas de acordo com o seu gosto, mas vá com calma, pois elas são bem fortes. Você pode utilizar batatas grandes (nesse caso, o tempo de cozimento será maior, como está indicado na receita).

Batatas no cominho e guacamole

PARA 4 PESSOAS
PREPARO: 20 MINUTOS
COZIMENTO: DE 50 MINUTOS A 1H15

PARA AS BATATAS:

15 batatas novas (tenras) ou 15 batatas pequenas bem firmes

3 colheres de sopa de azeite de oliva

2 colheres de chá de semente de cominho

sal

PARA A GUACAMOLE:

½ colher de chá de sementes de cominho

4 abacates grandes maduros cortados ao meio e sem caroço

2 tomates sem sementes e cortados em cubos

½ cebola vermelha picada finamente

2 pimentas Serrano sem sementes picadas firmemente

suco de 1 limão grande (ou de 2 pequenos)

2 colheres de sopa de coentro picado

sal, pimenta

Aqueça previamente o forno à temperatura de 180 °C. Escove levemente as batatas (se estiverem com terra), polvilhe sal sobre elas e as coloque no forno por cerca de 1 hora, até que fiquem bem macias. Deixe esfriar por alguns minutos. Corte as batatas ao meio e esvazie-as com uma colher pequena. Reserve a polpa das batatas para em seguida preparar um purê (adicionando manteiga, sal e leite), panquecas pequenas de legumes ou até mesmo incorporar a uma massa de pão antes de colocá-lo no forno. Regue as cascas das batatas com azeite de oliva, salgue generosamente e salpique as sementes de cominho. Disponha tudo sobre uma fôrma e coloque no forno por 15 minutos, até que elas fiquem crocantes e douradas.

Enquanto isso, prepare a guacamole. Torre as sementes de cominho a seco em uma frigideira, até que elas exalem um perfume. Você deve triturá-las rapidamente. Amasse grosseiramente a polpa dos abacates com um garfo. Não procure alisar o preparo: pelo contrário, alguns pedaços devem ser mantidos. Incorpore o restante dos ingredientes, principalmente as sementes de cominho torradas, e tempere a gosto.

Sirva as cascas de batata com a guacamole à parte com colheres pequenas, ou então, sirva as cascas já cobertas com a guacamole. Nesse caso, consuma rapidamente, antes que as cascas amoleçam.
Você pode utilizar 4 batatas grandes no lugar das 15 pequenas. Se fizer assim, aumente o tempo de cozimento para 1h20, depois corte-as ao meio, retire a polpa e corte a casca em tiras antes de colocá-las no forno.

Estas mini panquecas são primas-irmãs das panquecas grandes feitas em Banh Xeo, no Sul do Vietnã. Elas são originárias de Hué, que fica na parte central do país. Normalmente, são feitas à base de carne ou de frutos do mar, mas os cogumelos são bons substitutos. É um prato ideal para ser comido com as mãos.

Mini panquecas vietnamitas com cogumelos

RENDE APROXIMADAMENTE 18 MINI PANQUECAS
MACERAÇÃO: DE 30 MINUTOS A 1 NOITE
PREPARO: 30 MINUTOS
COZIMENTO: 25 MINUTOS
+ 3 OU 4 MINUTOS POR PANQUECA

60 g de feijão mungo seco

230 g de farinha de arroz

½ colher de café de cúrcuma em pó

2 ovos batidos

1 colher de sopa de açúcar refinado

150 g de cogumelos diversos (pleurotus, enokis, shitakes) grandes cortados em pedaços

1 dente de alho grande picado finamente

óleo vegetal para fritar

150 g de broto de feijão

2 cebolas novas picadas

sal, pimenta

PARA SERVIR:

folhas de alface ou bolinhos de arroz

fatias de pepino

ervas aromáticas frescas

molho de gengibre e molho de limão verde (página 244)

Deixe o feijão mungo de molho em uma grande quantidade de água fria durante pelo menos 30 minutos ou até mesmo por uma noite inteira, se for conveniente. No dia seguinte, escorra a água e cozinhe o feijão de 15 a 20 minutos em água fervente, até que fique macio.

Enquanto isso, misture a farinha de arroz e a cúrcuma em um pote. Incorpore progressivamente 320 ml de água fria e misture com um batedor de claras, em seguida adicione os ovos batidos, o açúcar e uma boa pitada de sal. Deixe descansar por 10 minutos para que a farinha de arroz tenha tempo de aumentar de volume e para que a massa se torne ligeiramente mais espessa.

Refogue os cogumelos e o alho por 2 minutos em um pouco de azeite, em fogo alto. Tempere com sal e pimenta e reserve.

Para cada mini panqueca, esquente uma colher de sopa de óleo vegetal em fogo médio-alto, em uma frigideira antiaderente de 12 cm de diâmetro ou em uma frigideira bem pequena. De qualquer forma, a frigideira deve estar bem quente. Coloque a quantidade suficiente de massa para cobrir apenas o fundo da frigideira. A massa deve emitir um chiado assim que entrar em contato com o óleo quente. Coloque sobre a panqueca alguns feijões mungo, 1 colher de cogumelos, alguns brotos de feijão e fatias de cebola. Cozinhe por 2 minutos, até que as bordas e a parte de baixo da panqueca estejam crocantes. Dobre a panqueca ao meio com o auxílio de uma espátula e a deslize sobre um prato. Embale as mini panquecas com algumas folhas de alface ou as acompanhe com bolinhos de arroz. Sirva quente, com fatias de pepino, com as ervas aromáticas frescas e com o molho de gengibre.

Você mesmo pode fazer germinar grãos-de-bico... A tarefa é realmente fácil, e eles estarão prontos em alguns dias. Além disso, você terá um prato maravilhoso, tão nutritivo quanto saboroso.

Homus de grão-de-bico germinados e abacate

PARA 4 PESSOAS
MACERAÇÃO: 12 A 48 HORAS
GERMINAÇÃO: 2 OU 3 DIAS
PREPARO: 10 MINUTOS

300 g de grãos de bico secos

2 colheres de sopa de pasta de gergelim (tahini)

1 dente de alho amassado

1 colher de chá de sal marinho

suco de 1 limão verde

1 abacate maduro cortado em pedaços

legumes crus e pão ázimo quente para servir

Deixe o grão-de-bico de molho em uma grande quantidade de água fria durante 12 a 48 horas, em um local fresco e ao abrigo do sol. Escorra a água e os lave cuidadosamente. Espalhe o grão-de-bico sobre um tabuleiro (tipo fôrma) ou sobre um grande prato e deixe-os germinar durante 2 ou 3 dias em um local fresco (sempre ao abrigo do sol). Enxágue-os com água fria e escorra bem pelo menos 2 vezes por dia, para evitar o risco de apodrecerem.

Ferva uma grande quantidade de água. Mergulhe os grãos-de-bico nela. Retire a panela do fogo e deixe repousar por 1 minuto; em seguida, despeje-os em uma peneira e enxágue em água corrente, para retirar o gosto de amargo.

Coloque os grãos-de-bico sem água em um processador de alimentos ou liquidificador com os ingredientes que faltam, acrescentando de 100 a 200 ml de água. Bata tudo por 3 ou 4 minutos, limpando de vez em quando os cantos do aparelho com uma espátula, até que se obtenha uma massa lisa e aveludada.

Sirva esse homus acompanhado de legumes crus crocantes com pedaços de pão ázimo quente fazendo o papel de colher.

Uma receita maravilhosa, leve e agradável aos olhos, para ser saboreada como entrada ou em um piquenique. Se você a preparar com dois dias de antecedência, deixando-a descansar sob o peso de latas de conserva cheias, esta terrine poderá ser fatiada sem se desmanchar, e o seu sabor estará mais acentuado.

Terrine do sol

PARA 4 PESSOAS
PREPARO: 25 MINUTOS
REFRIGERAÇÃO: 5 HORAS
COZIMENTO: 25 MINUTOS

- 4 pimentões vermelhos cortados ao meio sem as sementes
- 2 pimentões amarelos cortados ao meio sem as sementes
- 2 pimentões alaranjados cortados ao meio sem as sementes
- azeite de oliva
- 2 abobrinhas cortadas em fatias bem finas, no sentido do comprimento
- 1 colher de chá de sementes de erva-doce ligeiramente amassadas
- 1 punhado de cebolas novas
- 50 g de tomates em conserva ou secos marinados no azeite, escorridos e picados
- 500 g de ricota
- 2 colheres de sopa de talos de erva-doce picados ou de endro
- ½ dente de alho amassado
- sal, pimenta

Aqueça previamente o forno à temperatura de 220 °C. Corte cada fatia de pimentão em quatro partes e besunte-as com azeite de oliva. Espalhe os pedaços de pimentão sobre uma forma untada, com o lado da casca virado para cima. Asse por aproximadamente 20 minutos, ou até que os pimentões tenham amolecido e sua casca comece a escurecer. Passe os pimentões para um recipiente, cubra com um prato e deixe descansar até que a casca se desprenda.

Enquanto isso, aqueça uma frigideira até que ela comece a esfumaçar. Passe as fatias de abobrinha no azeite de oliva com as sementes de erva-doce, o sal e a pimenta. Torre (na frigideira) as fatias aos poucos, por 1 minuto para cada lado no máximo, até que elas fiquem com a marca da frigideira e um pouco amolecidas. Coloque-as em um prato.

Passe as cebolas no azeite, tempere-as com sal e pimenta, refogue-as em uma frigideira grill por alguns minutos, vire-as com uma pinça de cozinha até que estejam tenras e ligeiramente torradas.

Assim que os pimentões estiverem frios, descasque-os. Misture os tomates com a ricota, a erva-doce (ou o endro) e o alho. Tempere com sal e pimenta.

Forre uma fôrma de terrine (11 cm por 24 cm) com filme de PVC para alimentos. Em seguida, cubra o fundo e os lados da fôrma com as fatias de abobrinhas, sobrepondo-as. Deixe as fatias ultrapassarem as bordas. Coloque um terço dos pimentões no fundo da forma. Espalhe a metade da mistura feita com a ricota sobre os pimentões. Prossiga com as cebolas, depois com o segundo terço dos pimentões. Espalhe o resto da ricota e finalize com o restante dos pimentões. Cubra com as fatias de abobrinha. Envolva a terrine com o filme de PVC para alimentos e coloque as latas de conserva cheias sobre ela, para fazer pressão. Deixe por pelo menos 5 horas na geladeira (se possível até o dia seguinte). Vire a fôrma, retire o filme para alimentos e corte-a em fatias. Sirva eventualmente com rúcula.

O queijo feta, salgado e compacto, nesta receita é equilibrado pela cremosidade do queijo fresco e pela suavidade da abóbora. O harissa, molho de pimenta extremamente forte utilizado na culinária do Magrebe, traz um toque picante.

Tortinhas picantes de abóbora e queijo feta

PARA 4 PESSOAS
PREPARO: 20 MINUTOS
COZIMENTO: 40 A 45 MINUTOS

400 g de abóboras sem sementes cortadas em fatia

1 colher de sopa de azeite de oliva

100 g de queijo feta

1 colher de sopa de harissa

1 ovo batido

2 colheres de sopa de queijo fresco

um pouco de farinha de trigo para trabalhar a massa

375 g de massa folhada feita com manteiga

4 raminhos de tomilho

sal, pimenta

Aqueça previamente o forno à temperatura de 200 °C. Besunte as fatias de abóbora com azeite de oliva, tempere com sal e pimenta e em seguida espalhe-as sobre uma fôrma. Deixe no forno por pelo menos 25 minutos, até que a abóbora fique macia. Deixe esfriar um pouquinho. Reduza a temperatura do forno para 190 °C.

Corte a metade do queijo feta em pequenos cubos e amasse a outra metade. Em um recipiente, misture e bata o harissa, o ovo batido, o queijo fresco e o feta previamente amassado. Tempere levemente com sal e pimenta, pois o queijo já é salgado.

Coloque um pouco de farinha de trigo sobre a superfície em que você trabalhará e abra a massa com um rolo até que ela forme um retângulo de aproximadamente 20 x 30 cm. Apare as bordas com uma faca. Em seguida, corte 12 retângulos idênticos. Coloque-os sobre uma fôrma, deixando espaços entre eles. Espalhe um pouco da mistura com harissa no centro de cada tortinha e depois distribua as fatias de abóbora e os cubos de queijo feta por cima. Polvilhe com tomilho e leve ao forno por 15 a 20 minutos, até que a massa cresça e doure. Sirva em seguida ou deixe as tortinhas esfriarem sobre uma tábua ou grelha.

64   Comidinhas

Para preparar um chutney como acompanhamento para os bolinhos desta receita, corte um generoso punhado de menta (ou hortelã) junto com um pequeno punhado de folhas de coentro. Pique (ou rale) uma cebola roxa pequena com duas pimentas verdes que devem ser adicionadas às ervas cortadas, com um fio de suco de limão verde, uma colher de sopa de água e uma pitada de sal.

Bolinhos indianos

RENDE APROXIMADAMENTE 20 BOLINHOS
PREPARO: 20 MINUTOS
COZIMENTO: 2 OU 3 MINUTOS

½ colher de chá de sementes de cominho trituradas

½ colher de chá de sementes de coentro trituradas

½ colher de chá de cúrcuma em pó

½ colher de chá de pimenta em pó

½ colher de chá de sal

¼ de colher de chá de fermento em pó

200 g de farinha de grão-de-bico

1 litro de óleo vegetal para fritar

200 g de brócolis inteiros ou da parte do caule já picado

100 g de ervilhas sem casca

5 cebolas novas picadas grosseiramente

Em uma saladeira grande, misture o cominho, o coentro, a cúrcuma, a pimenta, o sal, o fermento e a farinha de grão-de-bico. Com um batedor de claras, incorpore aos poucos 200 ml de água fria até obter uma massa lisa.

Esquente óleo em uma panela funda ou em uma wok até atingir a temperatura de 180 °C. Se você não tiver um termômetro, ponha um pouco de massa na panela: se a massa chiar instantaneamente e começar a rodopiar, quer dizer que o óleo está suficientemente quente.

Despeje os brócolis, as ervilhas e as cebolas na massa. Mexa bem para envolver os legumes. Deposite colheres de sopa desta massa no óleo bem quente, tomando cuidado para não sobrecarregar a panela. Frite por 2 ou 3 minutos, até que os bolinhos fiquem dourados. Tire-os da panela com uma escumadeira e os deixe sobre papel toalha absorvente. Sirva em seguida, se quiser, com chutney caseiro (veja a receita acima) como acompanhamento.

É muito fácil preparar esta terrine, sobretudo pelo fato de você utilizar apenas 3 ingredientes. Você pode servi-la com um molho de maionese um pouco mais elaborado ou com um simples molho vinagrete.

Terrine de alho-poró com molho maionese

PARA 8 PESSOAS
PREPARO: 20 MINUTOS
REFRIGERAÇÃO: 4 HORAS
COZIMENTO: 10 A 12 MINUTOS

1,2 kg de alho-poró novo e fino
½ maço de cebolinha verde picada
100 g de queijo branco ou de cottage
sal, pimenta

PARA O MOLHO MAIONESE:

4 colheres de sopa de maionese caseira (página 236) ou de maionese pronta, de boa qualidade
1 colher de chá de mostarda de Dijon

Forre uma forma de terrine (para 500 g) com filme de PVC para alimentos. Retire as pontas do alho-poró, deixando um pouco da parte verde, para reduzi-los ao tamanho do comprimento da forma. Lave-os cuidadosamente na água corrente para retirar qualquer resquício de terra. Mergulhe o alho-poró em uma panela grande com água fervendo e com sal. Deixe ferver por 10 a 12 minutos, até que fiquem bem tenros (quando a ponta de uma faca possa perfurá-los com facilidade). Escorra a água e deixe esfriar.

Salpique o fundo de uma fôrma com uma colher de chá de cebolinha verde picada. Coloque uma camada de alho-poró sobre a cebolinha, utilizando as extremidades brancas e verdes. Disponha algumas colheres de chá de queijo branco, com intervalos regulares. Tempere generosamente com pimenta, sal e espalhe a cebolinha verde picada. Continue alternando as camadas, finalizando com uma espessa camada de alho-poró. Envolva a terrine com um pedaço de filme de PVC para alimentos e apoie algumas latas de conserva cheias para fazer peso. Deixe por pelo menos 4 horas na geladeira ou, se possível, até o dia seguinte.

Misture o molho maionese com a mostarda.

Utilizando uma faca bem afiada, corte fatias da terrine e coloque-as delicadamente sobre pratos individuais. Você deverá poder cortar pelo menos 8 fatias da terrina. Sirva com o molho maionese como acompanhamento.

Tenha certeza de que o óleo esteja suficientemente quente antes de mergulhar estes saborosos legumes envolvidos por esta delicada massa. Dessa forma, eles ficarão crocantes e leves.

Tempurá de legumes ao molho ponzu

PARA 4 PESSOAS
PREPARO: 15 MINUTOS
COZIMENTO: APROXIMADAMENTE 2 MINUTOS POR FRITADA

PARA O MOLHO PONZU:

100 ml de molho de soja

2 colheres de sopa de vinagre de arroz

3 cm de gengibre finamente ralado

2 colheres de sopa de suco de limão verde

2 colheres de sopa de suco de laranja

PARA A MASSA DO TEMPURÁ:

2 gemas de ovos

360 ml de água gelada

2 colheres de chá de amido de milho

200 g de farinha de trigo com fermento

PARA O TEMPURÁ:

1 l de óleo vegetal para fritar

12 aspargos

12 brócolis

6 míni berinjelas cortadas ao meio

1 pimentão vermelho sem sementes cortado em tiras

150 g de cogumelos diversos (pleurotus e enokis) – os maiores devem ser cortados em pedaços

Comece misturando todos os ingredientes para o molho Ponzu e reserve.

Prepare a massa do tempurá. Com um hashi ou um garfo, bata as gemas de ovos com a água gelada. Adicione o amido de milho, a farinha de trigo e mexa brevemente para que a massa fique leve. Não tente eliminar todos os grumos, no final eles se diluirão.

Despeje o óleo em uma panela grande ou em uma wok. Aqueça à temperatura de 170 °C. Se você não tiver um termômetro, deixe cair um pouco de massa na panela: se a massa chiar instantaneamente e começar a rodopiar, quer dizer que o óleo está suficientemente quente. Prepare um prato grande e forre com papel toalha absorvente. Com o hashi ou uma pinça de cozinha, passe os legumes, um por um, na massa de tempurá, e em seguida mergulhe-os no óleo quente. Frite por 1 ou 2 minutos, até que os legumes fiquem bem dourados. Tome cuidado para não sobrecarregar a panela, para não causar a queda da temperatura do óleo. Repita o procedimento diversas vezes. Retire os legumes do óleo com uma escumadeira e coloque-os sobre o papel toalha absorvente.

Sirva em seguida com o molho ponzu.

Grandes saladas

Capítulo 3

Uma bela e delicada salada para degustar como entrada, pois como prato principal não é suficientemente substanciosa. Um prazer enorme para as suas papilas... E para os seus olhos.

Salada de legumes fatiados com sementes torradas

PARA 4 PESSOAS
PREPARO: 25 MINUTOS

PARA O MOLHO:

2 colheres de sopa de vinagre de sidra

75 ml de azeite de oliva

1 colher de chá de semente de erva-doce

1 punhado pequeno de talos da erva-doce picados de forma grosseira

sal, pimenta

PARA A SALADA:

2 beterrabas médias com as folhas, escovadas mas não descascadas

2 bulbos pequenos de erva-doce

½ caule de ruibarbo

1 maçã vermelha cortada em quatro partes, sem caroço

2 endívias cortadas em pedaços

3 colheres de sopa de sementes diversas torradas

Comece preparando o molho. Misture todos os ingredientes e tempere generosamente com sal e pimenta.

Corte as folhas da beterraba e as reserve.

Com um mandolin ou com uma faca bem afiada ou até mesmo com um descascador de legumes, corte as beterrabas, o ruibarbo e a maçã em fatias ou tiras finas. Coloque tudo em um recipiente com as folhas da beterraba e as endívias. Despeje o molho por cima e misture.

Divida a salada em pratos individuais.
Espalhe por cima as sementes torradas e sirva.

Com um molho vinagrete e algumas folhas verdes já temos uma salada! A mujadara, maravilhoso prato típico libanês, reúne cebolas douradas, lentilhas e arroz. Utilize o arroz Basmati integral para que o gosto fique mais forte.

Salada quente com tomates assados, queijo Labna e amêndoas sobre mujadara

PARA 4 PESSOAS
PREPARO: 20 MINUTOS
COZIMENTO: 1 HORA

1 pitada de filamentos de açafrão

2 colheres de sopa de vinagre de xerez

3 colheres de sopa de azeite de oliva

1 maço grande de salsa lisa

50 g de folhas novas ou brotos de espinafre

6 tomates assados cortados ao meio (página 242)

150 g de queijo Labna (página 50) ou de coalhada

3 colheres de sopa de amêndoas em fatias ligeiramente torradas

sal, pimenta

PARA A MUJADARA

2 colheres de sopa de azeite de oliva

1 cebola grande picada

1 pitada de sal

250 g de lentilhas escuras

150 g de arroz Basmati integral

Para a mujadara, aqueça o azeite em uma panela. Refogue a cebola no azeite com uma pitada de sal por uns 20 minutos em fogo baixo, até que fique bem macia. Aumente a chama e refogue por 10 minutos até que a cebola fique bem dourada. Acrescente as lentilhas na panela e cubra o conteúdo com 600 ml de água. Leve à fervura, cubra e deixe fervilhar por 10 minutos em fogo baixo. Adicione o arroz, coloque novamente a tampa e cozinhe por mais 20 minutos. Retire do fogo e deixe descansar por 10 minutos.

Enquanto isso, deixe o açafrão de molho em 2 colheres de sopa de água quente, durante 5 minutos. Incorpore o vinagre, o azeite de oliva, o sal e a pimenta.

Reserve um pequeno punhado de salsa. Misture o restante da salsa com o espinafre e a mujadara. Coloque tudo em uma saladeira. Disponha os tomates assados sobre a salada com algumas colheres de Labna (ou coalhada), as amêndoas cortadas em fatias e o punhado de salsa (picado de forma grosseira). Regue a salada com o molho. Sirva quente ou à temperatura ambiente.

Este prato é uma delícia para as noites frias de inverno, pois mistura o frescor e os sabores de uma salada com o calor de uma refeição nutritiva. Cuidado com as nozes e as ameixas secas depois de colocá-las no forno, pois elas queimam facilmente.

Salada de inverno

PARA 4 PESSOAS
PREPARO: 20 MINUTOS
COZIMENTO: 35 MINUTOS

- 300 g de cenouras pequenas
- 6 chalotes cortadas ao meio
- 75 ml de azeite de oliva
- 150 g de nozes, picadas de forma grosseira
- 150 g de ameixas secas sem caroço e cortadas ao meio
- 200 g de trigo vermelho
- 2 colheres de sopa de vinagre de xerez
- ½ dente de alho amassado
- 1 colher de chá de mostarda de Dijon
- 1 maço pequeno de salsa lisa cortada
- 175 g de queijo de cabra
- sal, pimenta

Aqueça previamente o forno à temperatura de 190 °C. Corte as cenouras ao meio ou em fatias espessas (dependendo do tamanho delas). Misture-as com as chalotes e 2 colheres de sopa de azeite de oliva. Tempere generosamente com sal e pimenta. Espalhe essa mistura sobre uma fôrma e asse por aproximadamente 25 minutos, até que as cenouras fiquem caramelizadas e macias. Adicione as nozes e as ameixas secas espalhando-as uniformemente sobre os legumes, e coloque novamente no forno por 5 a 10 minutos.

Enquanto isso, despeje o trigo vermelho em uma panela com 500 ml de água fria. Adicione uma boa pitada de sal e leve à fervura. Cubra, reduza o fogo e deixe ferver por 25 minutos.

Quando o trigo vermelho estiver cozido, escorra a água, tampe a panela e reserve.

Prepare o molho batendo o restante do azeite de oliva, o vinagre, o alho amassado e a mostarda. O molho deve ficar ligeiramente ácido para contrabalançar com a doçura das cenouras e das ameixas. Em uma saladeira, misture o trigo vermelho com as cenouras caramelizadas, a metade da salsa e a metade do molho. Ponha pedaços do queijo de cabra sobre os legumes, regue com o restante do molho e espalhe a salsa picada.

Esta é uma salada quente com ingredientes do norte da África, em que os grãos do cuscuz absorvem os deliciosos sabores dos demais ingredientes. Nada mais simples do que preparar uma chermoula (página 244), um molho polivalente que é sempre útil ter em casa, em algum canto da geladeira.

Salada de cuscuz com limões cristalizados e chermoula

PARA 4 PESSOAS
PREPARO: 25 MINUTOS
COZIMENTO: 50 MINUTOS

500 g de cherívia

3 pimentões vermelhos sem caroço cortados em tiras

3 colheres de sopa de azeite de oliva

2 colheres de sopa de mel líquido

2 limões cristalizados cortados em quatro partes

150 g de cuscuz de grãos grandes (israelenses, por exemplo)

1 porção de chermoula (página 244)

suco de 1 limão

1 maço pequeno de coentro

200 g de iogurte grego

sal, pimenta

Aqueça previamente o forno à temperatura de 200 °C. Corte as cherívias ao meio ou em quatro partes no sentido do comprimento, dependendo do tamanho delas. Coloque-as em uma travessa refratária com os pimentões. Regue com a metade do azeite de oliva e com o mel. Tempere generosamente com sal e pimenta e cozinhe por aproximadamente 35 minutos, até que os legumes fiquem caramelizados. Retire a polpa dos limões e corte a casca em finas tiras.

Aqueça o restante do azeite de oliva em uma panela grande. Doure o cuscuz em fogo médio, durante aproximadamente 4 minutos. Despeje 200 ml de água fervendo na panela e deixe ferver por aproximadamente 10 minutos em fogo baixo, até que toda a água tenha sido absorvida e que o cuscuz tenha amolecido.

Em uma saladeira, misture a cherívia e os pimentões assados com o cuscuz. Adicione uma colher de chermoula, a casca dos limões cristalizados, o suco de limão e quase todo o coentro.

Misture o resto da chermoula com o iogurte. Ponha colheres dessa mistura sobre a salada, depois polvilhe com o coentro picado que restou.

Grandes saladas

Quando for a época das laranjas, homenageie-as com esta saborosa e bela salada, tão agradável aos olhos quanto ao estômago, com as suas cores contrastantes: a brancura imaculada da mussarela e o alaranjado profundo da fruta. Ela fica ainda melhor quando está fresca, então a prepare no último minuto antes de servir.

Salada de radicchio com laranjas, mussarela e croutons assados

PARA 4 PESSOAS
PREPARO: 15 MINUTOS
COZIMENTO: 15 MINUTOS

- 3 fatias espessas de pão feito com fermento natural
- 75 ml de azeite + um pouco para o pão
- 3 laranjas
- 2 colheres de sopa de vinagre de vinho tinto
- 1 radicchio médio (couve-roxa)
- 1 punhado de rúcula
- 2 bolas de mussarela de búfala em pedaços
- sal, pimenta

Aqueça previamente o forno à temperatura de 180 °C. Pique o pão em pedaços de forma grosseira, e em seguida, regue com o azeite de oliva. Espalhe os pedaços de pão sobre uma assadeira e leve ao forno por 15 minutos até que o pão fique dourado e crocante. Sacuda a forma e vire os pedaços de pão enquanto estiverem sendo assados. Reserve.

Enquanto isso, prepare as laranjas. Enquanto você retira a casca, deixe-as sobre um prato, para aproveitar todo o suco. Descasque-as com uma faca bem afiada, seguindo cuidadosamente o contorno da fruta. Em seguida, corte-as em fatias no sentido horizontal. Retire quatro colheres de sopa do suco, que você deverá colocar em uma tigelinha. Adicione o vinagre, o azeite de oliva, o sal, a pimenta e misture bem.

Rasgue o radicchio em pedaços grandes em uma saladeira. Adicione a rúcula, o pão torrado, as laranjas e a mussarela. Regue com o molho, mexa os ingredientes delicadamente e sirva em seguida.

Grandes saladas

A escolha é sua: misture todos os ingredientes para fazer uma salada cheia de vida ou prepare aperitivos que surpreenderão os seus convidados, embalando os pickles em tiras de abacate.

Salada de abacate, pickles de cenoura e rabanete branco ao molho Satay

PARA 4 PESSOAS
PREPARO: 25 MINUTOS
MACERAÇÃO: ATÉ 2 DIAS

PARA A SALADA:

1 cenoura grande

12 cm de rabanete branco descascado (daikon ou rabanete chinês)

3 colheres de sopa de vinagre de vinho branco

2 colheres de sopa de açúcar refinado

4 abacates maduros, mas firmes

suco de ½ limão verde

1 punhado pequeno de coentro ou alfafa germinada

PARA O MOLHO SATAY:

1 colher de sopa de óleo de gergelim

2 colheres de sopa de amendoim torrado e moído finamente

1 colher de sopa de molho de soja

1 colher de sopa de açúcar refinado

3 cm de gengibre picado finamente

1 pimenta vermelha sem semente e picada finamente

suco e raspas finas de 1 limão verde

Prepare os pickles: corte a cenoura e o rabanete ao meio, primeiro no sentido da largura, depois no sentido do comprimento e, por fim, em pequenos cubos. Coloque esses legumes em um recipiente não metálico com o vinagre, o açúcar e duas colheres de sopa de água. Cubra e deixe descansar por pelo menos 20 minutos, ou ponha na geladeira por 2 dias.

Prepare o molho misturando todos os ingredientes em uma tigela.

Corte os abacates ao meio e retire os caroços. Descasque delicadamente, com uma faca afiada. Com a ajuda de um descascador de legumes, corte tiras longas e largas. Regue com um pouco de suco de limão para que o abacate não oxide. Se sobrar um pouco de abacate, corte-o em pequenos cubos.

Ao preparar a salada, misture delicadamente todos os ingredientes, inclusive o pickles, e regue tudo com um pouco de molho. Sirva o restante do molho separadamente.

Para uma apresentação bem original, escorra os pickles (guarde o líquido para fazer novos pickles), adicione o coentro (ou a alfafa) e os abacates cortados em cubos. Ponha as tiras de abacate em um prato. Deposite uma colher da mistura de pickles, coentro e abacates em cubos na extremidade de cada ponta e enrole a tira apertando de leve. Regue com o molho e sirva em seguida.

O risoni, pequena massa em forma de grão de arroz, empresta autenticidade a esta salada. Cozinhe esta massa al dente, depois a escorra rapidamente e adicione o molho. A massa absorve maravilhosamente bem os sabores e pode ser comida quente ou fria.

Salada de alcachofra com favas, massa risoni e lascas de queijo pecorino

PARA 4 PESSOAS
PREPARO: 20 MINUTOS
COZIMENTO: 25 MINUTOS

12 alcachofras frescas ou 12 corações de alcachofra marinados

algumas fatias de limão e 1 fio de suco de limão (opcional)

350 g de massa tipo risoni

200 g de favas escaldadas (peso considerado depois de retirada a casca)

suco e raspas finas de 1 limão

4 colheres de sopa de azeite de oliva

folhas de 4 ramos de tomilho-limão

75 g de queijo pecorino sardo

sal, pimenta

Se você apostar alto utilizando alcachofras verdadeiramente frescas, encha um recipiente com água fria, adicione algumas rodelas de limão e um fio de suco de limão. Isso impedirá a oxidação das alcachofras.

Corte a extremidade coriácea das folhas da alcachofra. Com uma pequena faca afiada, retire as folhas externas e também um bom pedaço do caule. Mergulhe as alcachofras assim preparadas na água, aos poucos. Quando você terminar de pô-las na água, escorra e coloque-as em uma panela. Cubra-as com água fresca, adicione um fio de suco de limão e leve à fervura. Deixe ferver por 25 minutos. Corte cada alcachofra em quatro partes. Se você utilizar os corações de alcachofra já marinados, corte-os simplesmente em quatro partes.

Coloque a massa em uma grande quantidade de água fervente já com o sal. Cozinhe al dente, adicionando as favas 2 minutos antes de finalizar o cozimento. Escorra a água da massa e das favas e as deposite em uma saladeira. De imediato, adicione o suco, as raspas do limão, o azeite de oliva, o tomilho limão, o sal e a pimenta.

Com um descascador de legumes, corte as lascas de queijo pecorino sobre a saladeira. Finalize incorporando delicadamente as alcachofras.

Grandes saladas

A quinoa não é exatamente um cereal, mas faz parte da família da beterraba e do espinafre. No entanto, é cozida e preparada como se fosse um cereal. Nesta receita, ela é cozida em um caldo que exala o perfume de cogumelos. Quando está pronta, cada um de seus grãos se desenrola como uma pequena espiral.

Salada de quinoa ao pesto de salsinha com avelãs torradas e cogumelos

PARA 4 PESSOAS
PREPARO: 25 MINUTOS
COZIMENTO: 25 MINUTOS

- 15 g de cogumelos secos
- 30 g de manteiga
- 1 colher de sopa de azeite de oliva
- 250 g de cogumelos frescos misturados (cortados em pedaços, se necessário)
- 2 chalotes picadas finamente
- 1 dente de alho picado finamente
- 175 g de quinoa
- 1 boa pitada de sal
- 100 g de amoras secas
- 1 porção de pesto de salsinha (página 238) ou, substituindo as amêndoas por avelãs,
- 1 fio de suco de limão
- 75 g de avelãs torradas e moídas de forma grosseira

Coloque os cogumelos secos em um medidor de cozinha resistente ao calor. Despeje água fervendo no medidor até chegar aos 350 ml. Reserve.

Derreta a metade da manteiga com o azeite de oliva em uma frigideira funda. Refogue os cogumelos frescos em fogo alto, durante alguns minutos, mexendo até que eles fiquem dourados. Coloque os cogumelos em um recipiente e reserve. Deixe a frigideira em fogo moderado. Nela, derreta o restante da manteiga e as chalotes durante alguns minutos. Adicione o alho, a quinoa e cozinhe por aproximadamente 5 minutos mexendo, até que ela adquira uma bela aparência dourada.

Escorra a água dos cogumelos reidratados em uma peneira e reserve essa água. Pique-os de forma grosseira e depois os adicione à quinoa. Ferva a água em que os cogumelos ficaram de molho. Adicione uma pitada de sal, reduza o fogo e ferva de 18 a 20 minutos até que a quinoa tenha amolecido e que toda a água tenha sido absorvida. Adicione as amoras secas, os cogumelos frescos dourados e reserve.

Misture à salada duas colheres de sopa de pesto e suco de limão. Decore com mais uma colher de pesto e as avelãs torradas. Essa salada deve ser consumida preferencialmente quente.

Um grande clássico... na versão original. Nesta receita, trata-se mais de um prato principal que de um tira-gosto, pela riqueza dos ingredientes. No entanto, não se acanhe de comê-la com as mãos!

Salada Guacamole

PARA 4 PESSOAS
PREPARO: 20 MINUTOS
MACERAÇÃO: 10 MINUTOS
COZIMENTO: 15 MINUTOS APROXIMADAMENTE

2 dentes de alho amassados

suco e raspas finas de 2 limões verdes

4 colheres de sopa de azeite de oliva

3 tortilhas de farinha de trigo
ou de farinha de milho

1 cebola roxa pequena picada

1 colher de chá de grãos de cominho
torrados a seco em uma frigideira

3 abacates grandes cortados ao meio
sem caroço

2 endívias vermelhas cortadas

5 cebolas novas picadas

1 ramo pequeno de coentro

sal, pimenta

Aqueça previamente o forno à temperatura de 180 °C. Misture o alho amassado com as raspas de limão, o azeite de oliva, o sal, a pimenta e besunte as tortilhas com um pouco desta mistura. Corte cada tortilha em oito partes e as distribua em uma fôrma forrada com papel manteiga. Asse de 12 a 15 minutos, até que as tortilhas estejam crocantes e douradas. Vire-as na metade do tempo de cozimento. Deixe esfriar. Essas tortilhas grelhadas se conservam por alguns dias em um recipiente hermeticamente fechado.

Esprema os limões verdes sobre a cebola roxa. Deixe marinar por 10 minutos. Despeje o restante do azeite de oliva com alho sobre a cebola e adicione as sementes de cominho torradas.

Corte os abacates em fatias. Misture todos os ingredientes, enfeite com o ramo de coentro e sirva em seguida, antes que as tortilhas amoleçam.

Se você tiver apenas sementes pequenas (alfafa, mostarda), faça germinar de 2 a 3 colheres de sopa. Se forem sementes maiores (feijão mungo, trigo, lentilhas), comece com 75 g. Para grãos verdadeiramente grandes (ervilhas, amêndoas, grão-de-bico), reserve 200 g.

Como germinar sementes?

etapa 1

Deixe as sementes de sua escolha de molho em uma grande quantidade de água fria durante 4 a 8 horas. Um pote grande será ideal para isso, mas se você possui um germinador, siga as instruções de uso.

etapa 2

Coloque um pedaço de musseline, de trama frouxa, de gaze ou de nylon sobre o pote, prendendo-o com um elástico. O ar poderá circular livremente, através da trama do tecido. Cuidado: se a trama do tecido for muito apertada, o ar não irá circular e o mofo poderá se desenvolver.

etapa 3

Vire o pote de boca para baixo e deixe a água escorrer. As sementes vão colar nas paredes do pote.

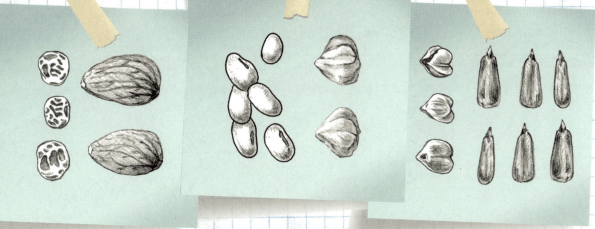

(legenda da imagem) Todos os tipos de sementes (oleaginosas, leguminosas, crucíferas etc.) podem ser consumidos germinados, principalmente as ervilhas, as amêndoas, os feijões, as avelãs, os grãos-de-bico e as sementes de girassol.

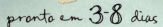

etapa 5

Enxágue as sementes com água fresca duas vezes por dia, e a cada vez coloque o pote novamente na posição inclinada, com a musseline.

etapa 6

O tempo de germinação varia de acordo com as sementes, mas o processo geralmente inicia após dois dias. Os germes ficam prontos entre três e oito dias no mais tardar, dependendo da semente e de acordo com o seu desejo de tê-los mais ou menos longos. Durante todo o período de germinação, continue enxaguando as sementes duas vezes por dia para mantê-las frescas. Quando você estimar que as sementes estiverem suficientemente germinadas, coloque-as na geladeira. Adicione-as em saladas, sucos, sopas, sanduíches, homus ou as saboreie puras.

etapa 4

Mantenha o pote inclinado para baixo, a um ângulo de 45°, apoiando-o contra a borda de um recipiente que deve recolher a água que escorrer. Deixe descansar em um lugar fresco, ao abrigo da luz direta do sol.

Como germinar sementes? 93

Varie escolhendo formas e cores diferentes do tomate cereja (laranja, amarelo, preto, vermelho, oval, em formato de uva) para que o prato fique perfeito.

Tabule verde e salada de tomate cereja

PARA 4 PESSOAS
PREPARO: 15 MINUTOS
MACERAÇÃO: 1 HORA

- 150 g de trigo bulgur
- 2 maços grandes de salsa lisa
- 1 maço grande de menta (ou hortelã)
- ½ pepino descascado, sem semente e cortado em cubos pequenos
- 1 punhado de cebolas pequenas, novas, picadas
- suco de 2 limões
- 75 ml de azeite de oliva
- 300 g de tomate cereja cortados ao meio (se forem grandes)
- sal, pimenta

Cubra generosamente o trigo bulgur com água quente e deixe de molho por 1 hora. Escorra-o cuidadosamente, pressionando para que a água em excesso seja retirada. Corte a salsa e a menta (ou hortelã). Misture as ervas e o trigo bulgur escorrido. Adicione primeiro o pepino, mexa cuidadosamente, e em seguida adicione as cebolas, reservando um pouco para a salada de tomate.

Prepare um molho misturando o suco de limão e o azeite oliva. Tempere com sal e pimenta generosamente. Despeje uma boa quantidade do molho sobre o trigo bulgur. Experimente e ajuste o tempero se necessário. Salpique com os tomates cereja, finalize com algumas cebolas e o restante do molho.

Em países tropicais, o aspargo pode ser consumido praticamente durante o ano inteiro. Ele deve inclusive ser apreciado em saladas quentes e consistentes. Nesta receita, os grãos de cevada ligeiramente amolecidos absorvem o sabor maravilhoso do molho.

Aspargos grelhados, salada de cevada e molho de cebolinha

PARA 4 PESSOAS
PREPARO: 20 MINUTOS
COZIMENTO: 50 MINUTOS

2 colheres de sopa de azeite de oliva

1 alho-poró picado

225 g de cevada

520 ml de caldo de legumes

400 g de feijão branco em conserva escorrido

250 g de aspargos verdes (corte a extremidade lenhosa)

sal, pimenta

PARA O MOLHO:

suco de 2 limões

1 gema de ovo

75 ml de azeite de oliva

1 maço pequeno de cebolinha verde picada + alguns fios para servir (opcional)

sal, pimenta

Aqueça 1 colher de sopa de azeite de oliva em uma panela. Nela, cozinhe o alho-poró por 5 minutos em fogo baixo, mexendo, até que ele fique tenro sem ter mudado de cor. Coloque a cevada na panela, em seguida acrescente o caldo de legumes e leve à fervura. Reduza o fogo e cozinhe por aproximadamente 40 minutos, até que quase todo o líquido tenha sido absorvido. A cevada deve ficar macia, mas ao mesmo tempo manter uma certa firmeza na sua textura. Adicione os feijões escorridos e prorrogue o cozimento por mais 5 minutos. Cubra e reserve.

Enquanto isso, prepare o molho. Bata o suco de limão e a gema do ovo em um pote, com uma pitada de sal. Sem parar de mexer, coloque progressivamente o azeite de oliva (gota após gota no início), até obter um molho espesso e cremoso. Adicione a metade da cebolinha cortada e tempere de acordo com seu gosto, com sal e pimenta.

Aqueça uma frigideira grill em fogo alto. Passe os aspargos no restante do azeite de oliva e tempere generosamente com sal e pimenta. Quando a frigideira estiver pelando, distribua os aspargos em uma só camada e os grelhe por 2 a 3 minutos, virando-os constantemente.

Sirva a cevada em potes preaquecidos. Disponha os aspargos sobre a cevada, regue com o molho e finalize com o restante da cebolinha verde cortada ou com alguns fios inteiros.

Um perfeito contraste, esta salada indiana (chana chaat) é uma combinação maravilhosa entre o aroma dos temperos, a textura crocante da romã e a cremosidade do iogurte. Neste prato, a textura é tão importante quanto o sabor e a cor.

Salada indiana com grão-de-bico

PARA 4 PESSOAS
PRAPARO: 25 MINUTOS
COZIMENTO: 15 MINUTOS

½ pepino descascado sem semente cortado em cubos

2 tomates cortados em cubos

um fio de suco de limão

1 maço pequeno de coentro picado de forma grosseira + algumas folhas para servir

4 generosas colheres de sopa de iogurte natural

sementes de 1 romã

2 papadams grandes (pães indianos) cozidos e cortados de forma grosseira.

PARA O GRÃO-DE-BICO

1 cebola pequena picada

2 cm de gengibre ralado finamente

1 pimenta verde sem semente e picada finamente

2 colheres de sopa de óleo de amendoim

300 g de grão-de-bico cozido ou em conserva, sem a água

½ colher de chá de páprica em pó

1 colher de chá de garam masala (uma mistura de especiarias moídas)

sal, pimenta

Prepare o grão-de-bico. Refogue a cebola, o gengibre e a pimenta por 5 minutos no óleo de amendoim, até que a cebola fique transparente. Adicione o grão-de-bico e prorrogue o cozimento por mais 5 minutos, até que eles fiquem dourados. Em seguida, adicione a páprica, o garam masala e cozinhe por mais 2 minutos. Retire a panela do fogo, tempere generosamente com sal e pimenta e deixe esfriar.

Misture o pepino, os tomates, o suco de limão e o coentro em um recipiente. Reparta essa mistura em 4 pratos. Faça o mesmo com a mistura de grão-de-bico, o iogurte, as sementes de romã e os pedaços de papadam.

Salpique folhas de coentro e sirva logo em seguida, antes que os papadams amoleçam.

Figo e queijo: a combinação perfeita. Escolha um queijo tipo camembert ou um brie realmente no ponto e figos roxos bem suculentos. Você pode substituir os figos por frutas ao vinagre (pág.244).

Salada de camembert, rúcula, figos marinados e molho de nozes

PARA 4 PESSOAS
PREPARO: 25 MINUTOS
MARINADA: 1 OU 2 HORAS
COZIMENTO: 10 MINUTOS

- 200 ml de vinagre balsâmico
- 100 g de açúcar refinado
- 2 dentes de alho amassados
- 6 ramos de tomilho
- 6 figos grandes cortados ao meio
- 4 colheres de sopa de óleo de nozes
- 1 punhado generoso de rúcula (elimine os caules grossos)
- 150 g de queijo tipo camembert no ponto ou brie, cortado em fatias
- 75 g de nozes torradas e picadas de forma grosseira
- sal, pimenta

Coloque o vinagre, o açúcar, o alho e os quatro ramos de tomilho em uma panela, com 100 ml de água. Leve à fervura e deixe fervendo por 1 minuto, para dissolver o açúcar e atenuar os vapores do vinagre. Deixe esfriar por 5 minutos, em seguida coloque essa mistura sobre os figos cortados ao meio e deixe marinar por 1 ou 2 horas.

Retire os ramos de tomilho e o alho, coloque 5 colheres de sopa dessa marinada em um pote com tampa. Adicione as folhinhas dos dois ramos de tomilho que sobraram, o óleo de nozes, um pouco de sal e muita pimenta. Feche o pote e agite bem.

Aqueça uma frigideira antiaderente em fogo médio-alto. Refogue os figos, com o lado da casca virado para cima, durante aproximadamente 1 minuto, até que eles fiquem caramelizados. Retire a frigideira do fogo, vire os figos e reserve.

Coloque a rúcula em uma saladeira grande, regue com um pouco do molho e misture. Adicione o queijo camembert (ou brie), as nozes e os figos caramelizados. Divida a salada em pratos individuais. Regue com o restante do molho.

Uma Cesar salad revisada, totalmente original, à base de corações de alface grelhados… Surpreendente, não é mesmo? No entanto, cuidado para não queimar as folhas, que desta forma irão perder toda a intensidade de suas cores. Nesta receita, folhas murchas não são bem-vindas.

Cesar Salad grelhada

PARA 4 PESSOAS
PREPARO: 15 MINUTOS
COZIMENTO: 10 MINUTOS

- 1 dente de alho amassado
- 100 ml de azeite de oliva
- 6 alfaces-romanas pequenas cortadas ao meio no sentido do comprimento
- 1 gema de ovo
- 1 colher de chá de mostarda Dijon
- 60 g de queijo parmesão
- suco de ½ limão
- 4 pedaços grandes de baguete fina
- 1 punhado de salsa lisa picada, para servir
- sal, pimenta

Misture o alho e o óleo. Besunte ligeiramente as metades das alfaces-romanas com essa mistura. Tempere com sal e pimenta.

Em um pote, bata a gema de ovo com a mostarda e uma colher de sopa de queijo parmesão ralado finamente. Sem parar de bater, adicione progressivamente o restante da mistura alho-óleo. Incorpore o suco do limão e uma colher de sopa de água, para deixar a mistura mais leve.

Aqueça uma frigideira grill em fogo alto. Refogue as alfaces-romanas por aproximadamente 2 minutos, primeiro com o lado cortado virado para baixo, até que elas comecem a escurecer. Vire as alfaces e as mantenha na frigideira por mais 2 minutos aproximadamente. Rale o queijo parmesão no lado fino do ralo, em quantidade suficiente para cobrir ligeiramente as alfaces, e em seguida as divida em pratos individuais.

Aqueça previamente o forno (temperatura média) e torre os pedaços de baguete até que fiquem dourados de ambos os lados. Espalhe um pouco de molho sobre um dos lados do pão, e os coloque sobre os pratos, ao lado da alface-romana. Regue com o restante do molho, polvilhe com a salsa picada e com algumas lascas de parmesão.

Guarnições de saladas

Farinha de rosca torrada com alho

Aqueça aproximadamente três colheres de sopa de azeite de oliva em uma frigideira grande, com dois dentes de alhos amassados. Cozinhe em fogo baixo por alguns minutos. Adicione um punhado generoso de farinha de rosca ou farelo de pão torrado. Cozinhe em fogo médio por alguns minutos até que a farinha de rosca fique dourada e torrada. Deixe esfriar.

Nozes ao xarope de bordo

Misture 100 g de nozes com 2 colheres de sopa de xarope de bordo, 1 colher de sopa de alecrim picado e 1 pitada de pimenta de Caiena. Tempere generosamente com sal e pimenta. Espalhe essa mistura sobre uma fôrma forrada com papel manteiga. Coloque no forno por 15 minutos, à temperatura de 160 °C, até que o preparo fique dourado. Mexa o preparo na metade do tempo de cozimento. Deixe esfriar e pique de forma grosseira.

Sementes ao tahini

Espalhe 200 g de sementes diversas misturadas entre si em uma assadeira grande. Leve ao forno à temperatura de 180 °C, por 5 minutos. Em um grande pote misture duas colheres de sopa de tahini (pasta de gergelim), 1 colher de sopa de mel líquido, ½ dente de alho amassado e 1 colher de sopa de óleo de gergelim. Adicione as sementes torradas e mexa delicadamente. Espalhe essa mistura sobre uma assadeira e coloque novamente no forno, por 5 minutos. Deixe esfriar e polvilhe pedaços dessa mistura sobre suas saladas, conforme a necessidade.

4
Cubos de polenta com azeitonas

Cozinhe 250 g de polenta (cozimento rápido) durante 3 minutos em um litro de caldo de legumes fervendo. Mexa constantemente, até que engrosse. Adicione um punhado de queijo parmesão ralado e quatro colheres de sopa de azeitonas picadas. Tempere generosamente com sal e pimenta. Espalhe essa polenta sobre uma fôrma com espessura de aproximadamente 2,5 cm e deixe esfriar. Quando estiver firme, corte-a em cubos de 2,5 x 2,5 cm e as doure no azeite de oliva.

6
Grão-de-bico assado com temperos

Escorra a água de 800 g de grão-de-bico (cozidos frescos ou em conserva), em seguida misture-os com uma colher de sopa de azeite de oliva, uma pitada de pimenta de Caiena, uma colher de chá de cominho em pó e uma colher de chá de coentro moído. Espalhe essa mistura sobre uma assadeira forrada com papel manteiga. Asse por 45 minutos no forno, à temperatura de 180 °C, até que fique crocante e dourado. Sacuda de vez em quando a assadeira, para que os grãos cozinhem homogeneamente.

5
Crepes finas crocantes de parmesão

Forre uma assadeira grande com papel manteiga. Ponha na assadeira pequenas porções de queijo parmesão ralado finamente, espaçando-as regularmente (o queijo derreterá ao ser aquecido). Leve ao forno por aproximadamente 3 ou 4 minutos à temperatura de 200 °C, até que o queijo parmesão fique dourado e borbulhe. Deixe o queijo grudar na forma por 1 minuto, em seguida desprenda as crepes da fôrma com o auxílio de uma espátula. Quebre as crepes em pedaços e coloque-as sobre uma salada.

Sopas

Capítulo 4

Para os dias que você não tem vontade de ir para o fogão... uma sopa sem cozimento. Um único detalhe: um multiprocessador será imprescindível! Esta sopa é uma delícia, o abacate é versátil e cremoso.

Sopa de legumes crus com abacate

PARA 4 PESSOAS
PREPARO: 10 MINUTOS

- 3 cenouras grandes
- 50 g de folhas de espinafre
- 4 talos de salsão
- 3 cm de gengibre fresco
- 2 abacates grandes bem maduros cortados ao meio sem caroço
- suco de ½ limão verde
- 1 colher de sopa de molho de soja
- 2 ou 3 gotas de Tabasco
- óleo de gergelim torrado
- folhas de coentro, para servir

Passe as cenouras, o espinafre, o salsão e o gengibre pelo multiprocessador e em seguida despeje o suco no liquidificador. Adicione os abacates e bata até obter uma mistura homogênea. Acrescente água gelada até a marca de 800 ml. Por último, ponha o suco de limão, o molho de soja e o Tabasco. Bata novamente.

Sirva esta sopa com pequenos cubos de gelo, 1 ou 2 gotas de óleo de gergelim e algumas folhas de coentro fresco.

A sopa vietnamita vegetariana pode não ser tão rica quanto a versão à base de peixe ou de carne, mas ganha em frescor e em transparência. Encontra-se facilmente o molho nuoc-mam vegetariano, mas também é possível substituí-lo por um fio de molho de soja. Sirva esta sopa como entrada, como um item de um cardápio asiático ou como prato principal de uma refeição leve.

Sopa vietnamita agre-picante

PARA 4 A 8 PESSOAS
PREPARO: 20 MINUTOS
COZIMENTO: 15 MINUTOS

- 1 colher de sopa de óleo de amendoim
- 2 chalotes picadas
- 2 folhas de erva-cidreira esmagadas com um rolo de massa
- 2 dentes de alho picados finamente
- 2 colheres de sopa de polpa de tamarindo coada ou de pasta de tamarindo
- 2 colheres de sopa de açúcar refinado
- 750 ml de caldo de legumes, de preferência caseiro (página 236)
- 2 talos de salsão picado
- 2 tomates cortados em 8 partes
- 200 g de abacaxi fresco descascado cortado em pedaços pequenos (retire a parte central dura)
- 125 g de quiabos cortados em fatias espessas
- 100 g de germe de soja
- 2 colheres de sopa de molho nuoc-mam vegetariano ou molho de soja
- 1 punhado pequeno de folhas de manjericão tailandês

Aqueça o óleo de amendoim em uma panela grande. Refogue as chalotes, a erva-cidreira, o alho, o tamarindo e o açúcar durante 5 minutos em fogo baixo (os legumes não devem mudar de cor). Coloque o caldo de legumes na panela e deixe ferver por mais 5 minutos.

Adicione o salsão, os tomates, o abacaxi, o quiabo e cozinhe ainda por alguns minutos. Acrescente o germe de soja e cozinhe por mais 5 minutos. Finalize com o molho nuoc-mam vegetariano ou com o molho de soja. Experimente e corrija o tempero se houver necessidade, adicionando um pouco de tamarindo, de nuoc-mam, de molho de soja ou de açúcar, para equilibrar os sabores suaves e amargos.

Adicione o manjericão tailandês e sirva em seguida, em potes pequenos quentes.

Surpreendentemente, o aipo das montanhas é uma planta aromática pouco conhecida. Esta sopa fria nos permite descobrir as virtudes desse vegetal: uma sopa sem cozimento e muito fácil de ser preparada. Se você não encontrar aipo das montanhas, algumas folhas de salsão servirão perfeitamente.

Sopa fria de pepino com aipo das montanhas

PARA 4 PESSOAS
PREPARO: 15 MINUTOS

- 2 pepinos descascados cortados em fatias espessas
- 200 ml de creme de leite fresco
- 200 ml de iogurte natural
- 1 colher de sopa de folhas de aipo das montanhas picadas (ou salsão)
- sal, pimenta-do-reino

Coloque os pepinos no liquidificador com 180 ml de creme de leite, com o iogurte e com o aipo picado. Bata até obter uma mistura lisa. Tempere com sal e pimenta-do-reino a gosto. Coloque na geladeira por algumas horas.

Sirva a sopa com o restante do creme de leite fresco e com alguns cubos de gelo. Se quiser, decore com algumas folhas de aipo.

Esta sopa tem o aroma do sol! Assim, os legumes mais frescos e mais maduros são necessários para realizá-la. Se você desejar ir ainda mais longe, algumas boas azeitonas pretas, sem caroços e cortadas em pequenos pedaços, e também algumas pequenas folhas de orégano poderão melhorar o recheio.

Gaspacho andaluz

PARA 4 PESSOAS
PREPARO: 20 MINUTOS
REFRIGERAÇÃO: 2 HORAS NO MÍNIMO

700 g de tomates
2 pimentões vermelhos cortados ao meio sem semente
1 pepino grande
1 dente de alho amassado
½ pão ciabatta cortado em pedaços
4 colheres de sopa de vinagre de xerez
100 ml de azeite de oliva
2 colheres de chá de açúcar refinado
molho de pimenta para servir (opcional)
folhas de manjericão, para servir
sal, pimenta-do-reino

Reserve 2 tomates, ½ pimentão vermelho e ¼ do pepino.

Pique o restante dos tomates, dos pimentões e do pepino de forma grosseira. Coloque-os no liquidificador com o alho e o pão. Bata até obter um purê grumoso. Coloque esse purê em um recipiente. Adicione o vinagre, 200 ml de água fria, sal e pimenta-do-reino de acordo com seu gosto. Cubra e deixe no mínimo 2 horas na geladeira ou, se possível, até o dia seguinte. Durante esse tempo de descanso, o pão aumentará de tamanho e os sabores se misturarão.

Antes de servir, faça um corte na base dos tomates reservados. Cubra-os com água fervendo e depois escorra a água rapidamente, para então descascá-los. Corte os tomates em cubinhos, assim como os pimentões e o pepino.

Despeje o azeite de oliva na sopa e experimente. Adicione o açúcar, o molho de pimenta (opcional) ou um pouco mais de vinagre, o sal, a pimenta-do-reino e até mesmo um pouco de água gelada se você quiser diluí-la um pouco. O gaspacho deve ficar apimentado, não deixe de acentuar esse sabor.

Divida a sopa em pequenos potes bem frios. Sirva com cubos de gelo, os legumes cortados em cubos e as folhas de manjericão.

Na lista de ingredientes desta receita, você perceberá que os bagos de uva devem ser descascados. Se esta ideia lhe desagrada ou se simplesmente você não tem tempo, bagos não descascados também poderão ser utilizados e, de qualquer forma, esta sopa leve e original fará sucesso.

Gaspacho branco

PARA 4 PESSOAS
PREPARO: 20 MINUTOS
MACERAÇÃO: 20 MINUTOS
REFRIGERAÇÃO: NO MÍNIMO 2 HORAS

150 g de pão caseiro (pão com fermento natural, por exemplo)

250 ml de leite

2 dentes de alho picados finamente

75 g de amêndoas sem casca

12,5 ml de azeite de oliva

2 colheres de sopa de vinagre de xerez

150 g de bagos uva branca descascados e cortados ao meio

25 g de amêndoas sem casca e sem pele, para servir

sal, pimenta-do-reino

Coloque o pão em uma tigela com o leite e deixe descansar por 20 minutos.

Despeje o pão embebido no leite em um processador de alimentos com o alho, as amêndoas e uma pitada de sal. Bata tudo até obter um purê.

Sem desligar o processador de alimentos, despeje regularmente o azeite de oliva, formando um fio. Passe a mistura para uma tigela. Adicione o vinagre, 420 ml de água fria, sal e pimenta-do-reino a gosto.

Cubra e leve à geladeira por pelo menos 2 horas, se possível, até o dia seguinte. Divida a sopa em potes frios. Espalhe os bagos de uva branca e as amêndoas sobre o gaspacho.

O toque mágico da pimenta chipotle dá a esta sopa o gostinho defumado. Você pode comprá-la seca – nesse caso será necessário deixá-la de molho – ou em pote. Este prato ficará ainda melhor se você puder prepará-lo com um ou dois dias de antecedência.

Sopa de feijão preto com tomates secos

PARA 4 PESSOAS
PREPARO: 20 MINUTOS
COZIMENTO: 55 MINUTOS

PARA O MOLHO:

1 cebola roxa pequena picada finamente

1 colher de sopa de óleo de girassol

100 g de grãos de milho

1 pimenta vermelha sem semente e picada finamente

1 fio de suco de limão verde

1 maço pequeno de coentro

sal, pimenta-do-reino

PARA A SOPA:

1 colher de sopa de óleo de girassol

2 cebolas roxas picadas

3 dentes de alho picados finamente

2 colheres de chá de purê de pimenta chipotle

1 colher de chá de orégano fresco ou seco

1 colher de sopa de semente de cominho

6 tomates secos cortados ao meio

700 g de feijão preto cozido

750 ml de caldo de legumes, de preferência caseiro (página 236)

1 fio de suco de limão verde

Creme de leite ou nata, para servir

Prepare o molho. Amoleça a cebola por 5 minutos no óleo de girassol até que ela ganhe cor. Aumente o fogo e adicione o milho e a pimenta, mexendo até que os grãos de milho comecem a ficar torrados nas bordas. Fora do fogo, acrescente o sal, a pimenta-do-reino e o suco de limão verde.

Prepare a sopa. Aqueça o óleo em uma panela grande. Amoleça as cebolas em fogo baixo (elas não podem dourar). Acrescente o alho, o purê de pimenta chipotle, o orégano e as sementes de cominho. Prossiga com o cozimento por 5 minutos, até que o cominho libere o seu perfume.

Adicione os tomates, o feijão e o caldo de legumes. Leve à fervura e depois deixe fervilhar por 30 minutos. Adicione o sal, a pimenta-do-reino e o suco de limão. Coloque tudo no liquidificador e bata até obter uma mistura homogênea. Experimente e corrija o tempero, se necessário.

Adicione o coentro no molho.

Divida a sopa em potes preaquecidos. Finalize com uma colher de creme de leite (ou nata) e uma colher do molho.

Sopas

Esta receita pede que o cozinheiro tenha as articulações do cotovelo bem lubrificadas para poder picar todos os ingredientes, mas realizá-la é muito fácil, e o sucesso é garantido. O creme de leite fresco, que dá um toque aveludado, não é indispensável. Você também pode servi-la fria no dia seguinte; os legumes não estarão tão reluzentes, mas terão adquirido mais sabor.

Minestrone de verão

PARA 4 PESSOAS
PREPARO: 15 MINUTOS
COZIMENTO: 45 MINUTOS

2 colheres de sopa de azeite de oliva

2 dentes de alho picados finamente

2 chalotes picadas finamente

2 talos de salsão picados finamente

1 bulbo de erva-doce picado finamente

200 g de favas novas sem casca (peso considerado depois de tirada a casca)

200 g de ervilhas frescas (peso considerado depois de tirada a casca)

150 g de vagem cortada em pedaços

250 g de aspargos cortados em pedaços

950 ml de caldo de legumes, de preferência caseiro (página 236)

1 punhado de folhas de menta (ou hortelã)

1 punhado de folhas de manjericão

75 ml de creme de leite fresco

4 colheres de sopa de pesto fresco, para servir (página 238)

sal, pimenta-do-reino

Aqueça o azeite de oliva em uma panela grande. Refogue o alho, as chalotas, o salsão e a erva-doce por aproximadamente 10 minutos.

Adicione metade das favas, das ervilhas, da vagem e dos aspargos. Cozinhe por 5 minutos, mexendo sempre. Despeje o caldo na panela, leve à fervura e deixe fervilhar por 25 minutos.

Adicione a outra metade dos legumes na panela e cozinhe por mais 5 minutos. Fora do fogo, acrescente um pouco de água fervendo, se você achar que a sopa tenha ficado muito espessa. Adicione a menta, o manjericão e o creme de leite e tempere a gosto com sal e pimenta.

Divida a sopa em potes preaquecidos. Antes de servir, coloque uma colher de pesto em cada pote.

A humilde batata foi substituída aqui, sem escrúpulos, pela exuberante abóbora, cujos cubos vão pontuar esta sopa branca como se fossem joias douradas. No entanto, não deixe de incluir a batata devido às suas funções: 500 g serão o suficiente e resultarão em um caldo ligeiramente aveludado.

Caldo espesso de abóbora e milho verde

PARA 4 PESSOAS
PREPARO: 20 MINUTOS
COZIMENTO: 20 MINUTOS

1 abóbora pequena

40 g de manteiga

1 cebola pequena picada finamente

1 bulbo de erva-doce picado finamente

1 cenoura picada finamente

1 dente de alho picado finamente

½ colher de chá de pimenta seca

2 colheres de sopa de farinha de trigo

700 ml de caldo de legumes, de preferência caseiro (página 236)

200 ml de leite integral

grãos de duas espigas de milho

1 buquê pequeno de funcho cortado

1 fio de suco de limão verde

sal, pimenta-do-reino

Retire a casca da abóbora utilizando um descascador de legumes. Corte-a em duas partes no sentido do comprimento, retire as sementes e pique a polpa em cubos grandes.

Derreta a manteiga em uma panela grande funda. Refogue a cebola, a erva-doce, a cenoura e o alho durante 10 minutos em fogo baixo, misturando frequentemente até que os legumes fiquem macios, sem ficar dourados. Adicione a pimenta, a farinha de trigo, e cozinhe por mais 1 minuto mexendo constantemente. Por fim, adicione os cubos de abóbora e o caldo de legumes. Leve à fervura e deixe fervilhar por 10 minutos, até que a abóbora fique tenra.

Adicione o leite, o milho, o funcho, e cozinhe por 5 minutos. Tempere generosamente com sal, pimenta e finalize com um fio de suco de limão verde.

Às vezes um prato principal consistente precisa de uma entrada leve para abrir a refeição. É neste contexto que o caldo de beterraba entra em cena: um caldo límpido de cor vermelha, que irá seduzir os seus convidados sem empanturrá-los! Dê preferência às beterrabas frescas em detrimento às que já vêm embaladas em sacos plásticos ou cozidas no vinagre.

Caldo de beterraba e cogumelos

PARA 4 PESSOAS
PREPARO: 10 MINUTOS
COZIMENTO: 40 MINUTOS
REPOUSO: 20 MINUTOS

20 g de cogumelos secos

3 beterrabas grandes descascadas e cortadas em pedaços grandes

2 cenouras picadas de forma grosseira

1 talo de salsão picado de forma grosseira

1 punhado de salsa (com o caule) mais alguns raminhos para a decoração

PARA TEMPERAR:

1 fio de suco de limão

1 colher de chá de açúcar refinado

sal, pimenta-do-reino

Coloque todos os ingredientes em uma panela grande com 800 ml de água. Leve à fervura em fogo baixo e deixe fervilhar por 30 minutos. Retire a panela do fogo, deixe descansar por 20 minutos e coe a sopa em uma peneira fina. Retire os cogumelos e alguns pedaços de beterraba (aproximadamente um terço).

Corte os cogumelos e a beterraba em pedaços pequenos. Adicione-os ao caldo coado. Tempere com o suco de limão, o açúcar, um pouco de sal e pimenta-do-reino.

Divida o caldo em potes e decore com raminhos de salsa.

124

A sopa de aipo-rábano revela um sabor divino e é beneficiada se preparada com antecedência – ou seja, na véspera, à noite – para dar tempo de os ingredientes "se conhecerem". Quando chegar a hora de servir, aqueça-a ou a saboreie fria. As duas versões são excelentes.

Sopa cremosa de feijões, salsão e chermoula

PARA 4 PESSOAS
PREPARO: 20 MINUTOS
COZIMENTO: 35 MINUTOS

1 aipo-rábano de aproximadamente 500 g cortado em cubos

1 fio de suco de limão

2 talos de salsão picados finamente

1 cebola picada finamente

2 dentes de alho picados

2 colheres de sopa de azeite de oliva

300 g de feijão branco cozido (dos grandes)

½ colher de chá de sal

2 colheres de sopa de creme de leite fresco (opcional)

4 colheres de sopa de chermoula (página 244)

Mergulhe os cubos de aipo-rábano em uma tigela com água fria e com o suco de limão, para evitar que oxidem.

Cozinhe os talos de salsão, a cebola e o alho durante 10 minutos no azeite de oliva, até que os legumes amoleçam e fiquem translúcidos, mas não dourados. Adicione o aipo-rábano e cozinhe por mais 5 minutos. Finalize com os feijões brancos, 800 ml de água e o sal. Leve à fervura e cozinhe por aproximadamente 20 minutos.

Misture o preparo no liquidificador com o creme de leite (se você o utilizar) até obter uma sopa perfeitamente homogênea. Para obter uma textura ainda mais cremosa, passe a sopa por uma peneira de malha fina. Corrija o tempero.

Sirva esta sopa bem fria ou bem quente. Coloque uma colher de sopa de chermoula em cada prato.

Pães
Capítulo 5

Você pode utilizar apenas farinha de trigo branca para obter um pão mais refinado ou substituir a farinha de trigo integral pela farinha de centeio ou de espelta (trigo rústico), para reforçar o gosto de avelã. A massa parecerá grudenta e grumosa, uma vez que todos os ingredientes estiverem misturados, mas não se preocupe, é normal! Lembre-se, para uma mão leve, um pão leve...

Pão expresso

PARA 1 PÃO GRANDE
PREPARO: 15 MINUTOS
COZIMENTO: 45 MINUTOS

250 g de farinha de trigo

250 g de farinha de trigo integral

1 colher de sopa de açúcar refinado

1 colher de chá de bicarbonato de sódio

1 colher de chá de sal

30 g de manteiga fria cortada em cubos

650 ml de soro de leite coalhado

Aqueça previamente o forno à temperatura de 200 °C. Forre uma assadeira com papel manteiga.

Despeje as farinhas em uma tigela. Adicione o açúcar, o bicarbonato e o sal. Incorpore a manteiga, trabalhando a massa com a ponta dos dedos.

Incorpore rapidamente o soro de leite coalhado com o auxílio de uma espátula, até obter uma massa áspera. Não trabalhe demais a massa, senão o pão ficará duro. Forme uma bola, sempre com gestos rápidos. Coloque a massa sobre a assadeira. Com uma faca afiada, faça dois cortes profundos em forma de cruz sobre a massa. Asse no forno durante aproximadamente 45 minutos, até que o pão fique dourado e que pareça oco quando você der tapinhas na parte inferior.

Deixe esfriar sobre uma tábua ou uma grelha, cobrindo com um pano de cozinha limpo se você desejar que a casca amoleça ligeiramente.

Este pão enrolado com aparência de pizza é o prato ideal quando você estiver esperando um batalhão de convidados famintos. O stromboli se conserva bem quando congelado. Guarde um ou dois pães no freezer para poder utilizá-los em caso de emergência. Você só precisará esquentá-lo no forno bem quente e ele ficará quase tão bom quanto no dia em que foi feito.

Stromboli de azeitonas

PARA 2 PÃES GRANDES
PREPARO: 30 MINUTOS
REPOUSO: 1 HORA E 40 MINUTOS
COZIMENTO: 30 MINUTOS

1 colher de chá de açúcar refinado

1 colher de sopa de fermento em pó

80 g de farinha de trigo + um pouco para a área onde a massa será trabalhada

1 colher de sopa de sal

2 colheres de sopa de amido de milho ou de farinha de milho, para a assadeira

azeite de oliva

sal marinho

PARA O RECHEIO:

1 punhado grande de manjericão

20 azeitonas pretas sem caroço

150 g de pimentões torrados, marinados no azeite e escorridos

1 bola de queijo mussarela em pedaços

Em uma saladeira grande, misture o açúcar, o fermento e 740 ml de água morna. Deixe descansar por 10 minutos para que se inicie o processo de fermentação. Adicione a metade da farinha e misture delicadamente com uma colher. Deixe descansar por mais 15 minutos em local aquecido.

Adicione o sal, o resto da farinha e misture até obter uma massa áspera (utilize inicialmente uma colher de pau, depois trabalhe com as mãos). Vire a tigela sobre uma superfície limpa, salpique com um pouco de farinha de trigo e trabalhe a massa por pelo menos 10 minutos, até que ela fique homogênea e elástica. A massa estará bem grudenta num primeiro momento, mas não ceda à tentação de adicionar farinha de trigo, pois é esse aspecto grudento que dará leveza ao pão. Coloque a massa em um recipiente untado. Cubra-a com um pano de prato limpo e úmido e deixe descansar por 1 hora em local aquecido (um armário arejado será o local ideal), até que a massa tenha dobrado de volume.

Aqueça previamente o forno à temperatura de 200 ºC e enfarinhe com um pouco de amido de milho ou farinha de milho uma assadeira já untada. Quando a assadeira estiver pronta, dê um soco na massa, divida-a ao meio e forme 2 grandes retângulos de 20 x 30 cm sobre a área de trabalho enfarinhada. Salpique sobre cada retângulo a metade das folhas de manjericão, das azeitonas, dos pimentões e da mussarela. Regue com um fio de azeite de oliva. Nesse momento, você deve formar os strombolis. Enrole delicadamente a massa, começando pelo lado mais comprido e envolvendo todo o recheio. Você deve obter dois longos pães enrolados (no formato de rocamboles).

Cubra os dois pães com um pano de prato limpo e úmido e deixe descansar por 15 minutos. Regue com um fio de azeite de oliva, salpique com sal marinho e asse por 30 minutos no forno, até que a massa tenha crescido e fique dourada. Deixe esfriar por pelo menos 10 minutos sobre uma tábua ou uma grelha antes de cortar as fatias.

Não permita que ninguém o convença de que para fazer o seu próprio pão há que se ter um talento especial ou algum dom particular. Com um pouco de paciência (o tempo de repouso da massa é longo, mas é o que dá ao pão o seu irresistível aroma) e um mínimo de trabalho para amassar, você obterá um pão especial com o miolo macio.

Pão com fermento natural sem amassar

PARA 1 PÃO
PREPARO: 15 MINUTOS
REPOUSO: 17 A 20 HORAS
COZIMENTO: APROXIMADAMENTE 45 MINUTOS

250 g de farinha de trigo integral + um pouco para a área onde a massa será trabalhada

250 g de farinha de trigo branca

¼ de colher de chá de fermento em pó

1,5 colher de chá de sal

375 ml de água

óleo de girassol

Misture todos os ingredientes secos em uma tigela. Despeje a água, mexendo primeiramente com uma colher de pau e depois com as mãos, até obter uma mistura mole e pegajosa. A massa deve ficar com uma aparência "grosseira", e você não deve render-se à tentação de querer trabalhá-la por mais tempo... Cubra o recipiente com um filme de PVC para alimentos e deixe repousar de 15 a 18 horas, em um local aquecido.

Enfarinhe ligeiramente uma superfície limpa para ser a área de trabalho, assim como as suas mãos (só um pouco). Coloque a massa sobre a área de trabalho, dobrando-a sobre ela mesma. Em seguida, cubra com um pedaço de filme de PVC para alimentos besuntado com óleo. Deixe repousar por 15 minutos.

Sempre com um pouquinho de farinha de trigo em suas mãos e sobre a área de trabalho, prepare uma bola de massa que deverá ser colocada sobre um quadrado de papel manteiga salpicado com farinha de trigo integral. Cubra a massa com um pano de prato limpo e deixe descansar por 2 horas, até que tenha dobrado de volume.

Antes que a massa pare de crescer, coloque uma fôrma refratária com tampa no forno previamente aquecido à temperatura de 220 ºC. Quando o forno estiver pronto, tire a fôrma, deposite nela a massa e tampe novamente. Asse no forno por 30 minutos, retire a tampa e asse por mais 15 minutos, até que o pão fique dourado. Tire o pão da fôrma e deixe-o esfriar sobre uma tábua ou grelha.

134

Trata-se mais de um pão sem fermento que de uma pizza tradicional. Mais espesso que a tradicional redonda, este pão também é mais macio e arejado no centro. Não se deixe enganar pela simplicidade dos ingredientes: é a combinação entre eles que faz maravilhas. Experimente esta pizza assim que for tirada do forno, com uma sopa, uma salada ou legumes assados.

Pizza bianca

PARA 4 PESSOAS
PRAPARO: 15 MINUTOS
REPOUSO: 1 HORA
COZIMENTO: 5 A 10 MINUTOS POR PIZZA

250 g de farinha de trigo

250 g de farinha de trigo especial para pães

1 colher de chá de fermento

2 colheres de chá de sal

4 colheres de sopa de azeite de oliva

amido de milho ou farinha de milho para a assadeira

folhas de alecrim

sal marinho

Misture as farinhas, o fermento, o sal e 320 ml de água quente em um processador de alimentos. Adicione uma colher de sopa de azeite de oliva. Trabalhe a massa por 5 a 8 minutos em uma máquina de fazer pão ou amasse-a sobre uma área de trabalho ligeiramente enfarinhada por 10 minutos, até que fique homogênea e elástica. Coloque-a em um recipiente untado, cubra com um pedaço de filme de PVC para alimentos e deixe descansar por 1 hora em local aquecido.

Aqueça previamente o forno à temperatura de 230 °C. Se você possuir uma pedra de pizza ou uma assadeira refratária, esta é a hora de colocá-la no forno.

Dê um soco na massa com o punho. Abaixe um quarto da massa com o rolo de macarrão sobre a área de trabalho enfarinhada (coloque o mínimo de farinha) até obter um círculo de aproximadamente 1 cm de espessura. Polvilhe o amido de milho ou a farinha de milho sobre uma assadeira, em seguida coloque o círculo de massa. Regue com um fio de azeite de oliva, espalhe as folhas de alecrim e o sal marinho. Deslize delicadamente a assadeira no forno – sobre uma pedra de pizza ou uma placa de cerâmica refratária, se você possuir uma – e asse por alguns minutos. O tempo de cozimento depende do seu forno, mas em nenhum caso deve ultrapassar de 8 a 10 minutos. Enquanto essa primeira pizza cozinha, prepare a seguinte. Asse as pizzas uma após a outra e sirva assim que elas forem tiradas do forno.

Como a receita da página 130, esta também é bem rápida de fazer. Você não irá utilizar fermento. Ela é ideal para fazer experiências: faça somente um pão grande ao invés de seis pequenos, experimente outras ervas aromáticas, troque a cherívia por alguma outra raiz... Este pão fica mais saboroso quente, e preferencialmente deve ser acompanhado de um prato de sopa.

Pãezinhos de cherívia com alecrim

PARA 6 PÃEZINHOS
PREPARO: 15 MINUTOS
COZIMENTO: 25 MINUTOS

Azeite de oliva

220 g de cherívia ralada de forma grosseira

275 g de farinha trigo com fermento

1 colher de sopa de alecrim cortado + mais alguns raminhos

1 colher de chá de sal

2 ovos batidos

2 colheres de sopa de leite

Aqueça previamente o forno à temperatura de 190 °C. Unte a forma ou forre-a com papel manteiga.

Misture a cherívia, a farinha de trigo, o alecrim e o sal em uma tigela grande. Faça um buraco no centro da mistura. Coloque os ovos batidos e o leite no centro da mistura. Com uma faca, misture rapidamente os ingredientes, até obter uma massa áspera (cuidado para não trabalhá-la demais). Divida a massa em seis partes e faça bolinhas. Corte a parte superior com uma faca bem afiada e insira um raminho de alecrim em cada pãozinho. Regue com um fio de azeite de oliva.

Leve ao forno de 25 a 30 minutos aproximadamente, até que os pãezinhos fiquem dourados. Você pode deixá-los esfriar sobre uma tábua ou uma grelha, mas saiba que os pequenos pãezinhos são mais apetitosos enquanto estão quentes.

Pratos Rápidos

Capítulo 6

Um prato completo, nutritivo, equilibrado e muito fácil de fazer. O tempeh é o primo um pouco desprezado do tofu, feito à base de grãos de soja fermentados. Você pode substituí-lo por tofu firme ou até mesmo por paneer, um queijo indiano.

Talharim de soja com tamarindo, gergelim e legumes verdes

PARA 2 PESSOAS
PREPARO: 15 MINUTOS
REPOUSO: 10 A 30 MINUTOS
COZIMENTO: 10 MINUTOS

4 cm de gengibre picado

suco e raspas de uma laranja pequena

2 colheres de sopa de mel suave

2 colheres de sopa de pasta ou purê de tamarindo (encontrados em mercearia asiática)

2 colheres de sopa de molho de soja

250 g de tempeh cortado em fatias de 2 cm de espessura

125 g de talharim de soja (tamanho médio)

um pouco de óleo de gergelim torrado

2 colheres de sopa de óleo de amendoim

1 pimenta verde sem semente e picada finamente

1 dente de alho picado finamente

150 g de legumes verdes asiáticos picados

2 colheres de chá de gomásio ou sal de sésamo (página 236)

2 cebolas novas picadas

Em uma tigela, misture metade do gengibre com as raspas de laranja, o mel, o tamarindo e uma colher de sopa de molho de soja, e em seguida cubra as fatias de tempeh com essa mistura. Se você tiver tempo, deixe marinar de 10 a 30 minutos.

Cozinhe o talharim seguindo as instruções da embalagem. Após o cozimento, passe-o em água fria e escorra. Regue a massa com um fio de óleo de gergelim e mexa para evitar que fique grudento. Reserve. Aqueça uma colher de óleo de amendoim em uma wok[1] grande ou em uma frigideira. Quando o óleo estiver fervendo, refogue as fatias de tempeh durante alguns minutos, até que elas fiquem douradas dos dois lados. Deposite o tempeh sobre um prato.

Despeje o restante do óleo de amendoim em uma wok. Refogue durante um minuto as raspas de gengibre com a pimenta e o alho, mexendo constantemente. Adicione os legumes picados e as fatias de tempeh. Acrescente o suco de laranja e mexa até que os legumes amoleçam.

Misture o talharim bem escorrido e mexa. Divida a mistura em dois pratos preaquecidos. Regue com algumas gotas de óleo de gergelim, polvilhe o gomásio e coloque as cebolas picadas. Sirva com o molho de soja para acompanhar.

---

1 Utensílio básico da culinária asiática, panela grande também utilizada para fazer yakissoba.

Pratos rápidos

Um belo carpaccio de legumes pronto em pouquíssimo tempo. Para uma versão mais nutritiva, polvilhe um pouco de queijo sobre os legumes picados. No entanto, é possível que você prefira que o molho seja o astro do prato, a ser servido em um almoço ou um jantar maravilhosamente leves.

Carpaccio de legumes de verão e molho de raiz forte

PARA 2 PESSOAS
PREPARO: 15 MINUTOS

2 abacates pequenos maduros, mas firmes, cortados ao meio sem caroço

suco de ½ limão

2 rabanetes, com as folhas

3 cenouras pequenas

2 abobrinhas pequenas

6 cm de pepino descascado, cortado ao meio e sem as sementes

1 colher de sopa de azeite de oliva

3 colheres de sopa de molho de raiz forte (página 238)

1 colher de sopa de folhas novas de agrião ou brotos de ervilha

sal, pimenta-do-reino

Descasque os abacates – comece cortando a casca no sentido do comprimento. Com a ajuda de uma faca bem afiada, corte fatias muito finas de abacate, que devem ser passadas em um pouco do suco de limão para evitar que oxidem.

Corte os rabanetes (reservando as folhas), as cenouras e as abobrinhas no sentido do comprimento. Corte longas e finas tiras de pepino com um descascador de legumes. Adicione as folhas de rabanete e o resto do suco de limão e em seguida misture tudo com as fatias de abacate e o azeite de oliva. Tempere de acordo com o seu gosto e divida a mistura em dois pratos. Regue com o molho de raiz forte e finalize com as folhas de agrião (ou com os brotos de ervilha).

Uma bela combinação, um pouco complexa, já que é ao mesmo tempo salgada, crocante, rica em aromas, levemente ácida, macia e doce. Com as quantidades descritas abaixo, você pode preparar uma entrada rápida (para 3 pessoas) ou uma refeição leve de verão (para 2 pessoas). Para ganhar tempo, prepare o molho na véspera e o mantenha na geladeira.

Bolinhos de cenoura com coentro, queijo de cabra e molho de limão

PARA 2 OU 3 PESSOAS
PREPARO: 15 MINUTOS
REFRIGERAÇÃO: 30 MINUTOS
COZIMENTO: APROXIMADAMENTE 10 MINUTOS

PARA OS BOLINHOS:

250 g de queijo halloumi

4 cenouras grandes raladas de forma grosseira

5 cebolas novas picadas

1 maço de coentro picado

1 colher de sopa de sementes de coentro torradas e picadas

20 g de farinha de grão-de-bico ou de farinha de trigo

2 ovos batidos

3 colheres de sopa de azeite de oliva

1 punhado de folhas de rúcula

4 colheres de sopa de molho de limão (página 238)

sal, pimenta-do-reino

Rale de forma grosseira 50 g de queijo halloumi e misture com as cenouras. Corte o restante do queijo em fatias e reserve. Adicione os demais ingredientes à mistura de cenoura com o queijo halloumi. Tempere levemente com sal e pimenta e misture delicadamente. Forme 12 bolinhos, que você deverá achatar com a palma da mão, e coloque-os em uma assadeira. Se tiver tempo, antes de levá-los ao forno, coloque em fôrma de discos durante 30 minutos na geladeira, para que fiquem mais firmes.

Aqueça o azeite de oliva em uma frigideira. Frite os bolinhos por dois minutos de cada lado, até que eles fiquem dourados. Coloque os bolinhos em um prato e os mantenha aquecidos, colocando-os no forno levemente quente, enquanto você passa as fatias de queijo halloumi por um ou dois minutos de cada lado na frigideira. Não é necessário adicionar azeite de oliva na frigideira. Verifique se os bolinhos estão bem crocantes e dourados.

Faça uma pilha de bolinhos em um prato, intercalando com as fatias de queijo halloumi. Decore com algumas folhas de rúcula e regue com o molho de limão.

146 — Pratos rápidos

Esta é para um jantar leve, quando não temos muito tempo para cozinhar. Verifique se as berinjelas estão bem amolecidas antes de cobri-las com a pasta de missô, e o resultado ficará sublime. Se você gosta do sabor de gergelim, adicione óleo de gergelim na mistura feita com missô.

Berinjelas com missô à moda japonesa

PARA 4 PESSOAS
PREPARO: 15 MINUTOS
COZIMENTO: 6 A 8 MINUTOS

2 colheres de sopa de missô branco (encontrado em mercearia asiática)

2 colheres de sopa de açúcar refinado

1 colher de sopa de mirin (encontrado em mercearia asiática)

1 colher de sopa de vinagre de arroz (encontrado em mercearia asiática)

4 berinjelas pequenas

2 colheres de sopa de óleo de amendoim

2 cebolas novas picadas

2 colheres de sopa de folhas novas de agrião, de shissô ou de coentro

2 colheres de chá de sementes de gergelim levemente torradas

arroz e gengibre marinados para servir

Misture o missô, o açúcar, o mirin e o vinagre de arroz até obter uma mistura homogênea. Corte as berinjelas em fatias de 3 cm de comprimento, que você deverá besuntar com o óleo de amendoim. Aqueça previamente o forno em temperatura média. Coloque as fatias de berinjela em uma assadeira, em uma só camada. Coloque a assadeira no forno, não muito perto do fogo e cozinhe por dois minutos. Vire as berinjelas e cozinhe por mais dois minutos, até que elas fiquem tenras e douradas.

Espalhe um pouco da mistura de missô sobre as fatias de berinjela e cozinhe por mais dois minutos, aproximadamente. A parte de cima deve fervilhar e caramelizar.

Espalhe sobre as berinjelas torradas fatias de cebola, as folhas de agrião (de shissô ou de coentro) e as sementes de gergelim. Para acompanhar, sirva o arroz cozido no vapor e o gengibre marinado.

Se você costuma cozinhar a couve-flor em água fervendo ou no vapor, experimente esta receita. Após alguns minutos na frigideira, o sabor fantástico desse humilde legume se revela e nos surpreende. Muito frequentemente esquecida, a couve-flor deve retomar o lugar de honra que merece.

Couve-flor com cominho, pimenta e amêndoas

PARA 4 PESSOAS
PREPARO: 10 MINUTOS
COZIMENTO: 10 MINUTOS

3 colheres de sopa de azeite de oliva + um fio para servir

4 couves-flores pequenas (separe em arvorezinhas)

1,5 colher de chá de sementes de cominho

2 dentes de alho cortados em lâminas

1 pimenta vermelha sem semente picada

100 g de amêndoas picadas

2 colheres de sopa de salsa lisa picada

sal, pimenta-do-reino

Aqueça o azeite de oliva em uma wok grande ou em uma frigideira funda. Refogue a couve-flor até que ela comece a ficar dourada. Reduza o fogo, cubra (com uma tampa ou uma folha de alumínio) e deixe cozinhar por um ou dois minutos.

Adicione as sementes de cominho, o alho, a pimenta e as amêndoas. Refogue por cinco minutos em fogo médio, até que as amêndoas fiquem douradas. Tempere generosamente com sal e pimenta, regue com um fio de azeite de oliva e espalhe a salsa picada.

Pratos rápidos

Um prato simples, com um mínimo de cozimento, para ser apreciado assim que o aipo-rábano aparecer na feira ou no mercado.
A presença do iogurte no molho "remoulade" torna esta receita mais leve. Você pode servir pão torrado como acompanhamento.

Aipo ao molho "remoulade" com alcaparras e mostarda

PARA 4 PESSOAS
PREPARO: 20 MINUTOS

1 aipo-rábano de aproximadamente 600 g descascado

suco de 1 limão

1 gema de ovo

1 boa pitada de sal marinho

1 colher de chá de mostarda à moda antiga

100 ml de azeite de oliva

2 colheres de sopa (bem cheias) de iogurte natural

2 colheres de chá de salsa lisa picada + alguns raminhos para sevir

2 colheres de chá de cebolinha picada

2 colheres de sopa de alcaparras pequenas + algumas para servir

algumas folhas de endívia vermelha ou de radicchio para servir

pimenta-do-reino moída na hora

Corte o aipo-rábano em quatro partes. Com um descascador de legumes, faça fatias largas. Empilhe algumas fatias e corte finos pedaços como tiras ou fios. Mergulhe essas tiras de aipo-rábano em um recipiente com água e limão à medida que forem sendo cortadas, para evitar que oxidem.

Prepare o molho "remoulade", manualmente (com um batedor de claras) ou em um pequeno processador de alimentos. Comece misturando a gema de ovo com o sal, a mostarda e duas colheres de sopa de suco de limão. Adicione aos poucos o azeite de oliva, inicialmente gota por gota, e depois como um fio constante, batendo continuamente. Quando a mistura estiver espessa e não houver mais azeite para ser acrescentado, incorpore o iogurte, a salsa e a cebolinha. Adicione as alcaparras lavadas e escorridas, picadas de forma grosseira, assim como um pouco de pimenta-do-reino moída na hora. Experimente e, se necessário, corrija o tempero com um fio de suco de limão ou uma pitada de sal.

Ponha o aipo-rábano em uma grande quantidade de água fervente durante 30 segundos, até que fique esbranquiçado, em seguida coloque-o em uma peneira sob água fria. Escorra bem a água e seque os rabanetes com um pano de prato limpo. Misture o aipo-rábano ao molho "remoulade". Divida esse preparo sobre pratos individuais, com algumas folhas de endívia vermelha (ou de radicchio). Decore com algumas alcaparras e raminhos de salsa.

O tofu está perfeitamente cozido se ele absorve apenas um pouco do azeite. Dessa forma, ele sai da frigideira dourado e crocante. O truque: seque completamente o tofu pressionando-o com um papel toalha absorvente, antes de fritá-lo ligeiramente. Deixe o óleo ficar bem quente, e, uma vez cozido, coloque o tofu sobre o papel toalha.

Tofu crocante com cinco especiarias, molho de soja e gengibre

PARA 4 PESSOAS
PREPARO: 20 MINUTOS
COZIMENTO: 10 MINUTOS

PARA O TOFU:

500 g de tofu sólido

6 colheres de sopa de amido de milho

2 colheres de sopa de mistura de cinco especiarias (anis estrelado, erva-doce, canela, pimenta e cravo-da-Índia)

1 colher de chá de pimenta seca

5 colheres de sopa de óleo de amendoim

PARA O MOLHO DE SOJA COM GENGIBRE::

4 colheres de sopa de molho de soja

2 colheres de sopa de vinagre de arroz

1 colher de chá de óleo de gergelim torrado

2 cm de gengibre picado finamente

1 colher de chá de açúcar

Coloque duas camadas de papel toalha absorvente sobre um prato, em seguida deposite o tofu por cima. Coloque outras duas camadas de papel toalha absorvente sobre o tofu e um prato por cima. Pressione firmemente. Coloque algumas latas de conserva cheias sobre o prato e deixe repousar enquanto você prepara o restante da receita. Acenda o forno a uma temperatura bem baixa, apenas para manter o tofu cozido em local aquecido.

Prepare o molho misturando todos os ingredientes até que o açúcar se dissolva.

Misture o amido de milho, a mistura de cinco especiarias, a pimenta seca e espalhe essa mistura sobre um prato. Despeje a metade do óleo de amendoim em uma wok grande e o esquente em fogo médio-baixo. Seque pela uma última vez o tofu com papel toalha absorvente e corte-o em cubos grandes. Passe os cubos de tofu na mistura com cinco especiarias, até que fiquem bem recobertos. Aumente o fogo da wok e refogue metade dos cubos de tofu, virando-os delicadamente com uma pinça, até que fiquem crocantes e uniformemente dourados. Conte aproximadamente cinco minutos de cozimento. Coloque o tofu cozido sobre um prato forrado com papel toalha, para absorver o excesso de óleo e leve o prato ao forno para mantê-lo aquecido. Cozinhe o restante do tofu. Sirva bem quente com o molho em uma molheira à parte.

O tofu, rico em proteínas, caracteriza-se pelo sabor neutro e delicado. Essas características o tornam um ingrediente ideal que combina com outros sabores como o do gergelim, da soja, da pimenta, do gengibre e do alho. Se ele for suficientemente sólido, você poderá cortá-lo e adicionar os pedaços às suas saladas e refogados.

Como fazer tofu?

etapa 1

Despeje 500 ml de leite de soja sem açúcar em uma panela e deixe ferver por aproximadamente cinco minutos. Coloque um termômetro alimentar na panela e deixe esfriar até 79-80 °C.

etapa 2

Dilua duas colheres de chá de nigari em pó em 100 ml de água morna e despeje essa mistura no leite de soja, mexendo sem parar. Se não encontrar nigari, utilize 50 ml de vinagre de vinho branco ou de suco de limão (e não utilize água). O leite de soja vai começar a precipitar.

etapa 3

Retire a panela do fogo e deixe repousar por 15 minutos. Grandes coágulos devem ter se formado. Se forem pequenos, acrescente mais uma colher de chá de nigari diluído. Com uma concha, retire um pouco do soro de leite e jogue-o fora. Forre uma peneira fina com duas camadas de musselina úmida e em seguida a apoie sobre um grande recipiente. Com a concha, deposite os coalhos na peneira.

O leite de soja, extraído dos grãos da soja, é a base do processo de fabricação do tofu. A substância coaguladora, o nigari (cloreto de magnésio), é utilizada para dividir o leite de soja em coalhada e em soro. Pode-se encontrar o nigari em pó em mercearias japonesas, mas se você não encontrá-lo pode substituir por vinagre de vinho branco ou por suco de limão: adicione até que o leite comece a coalhar.

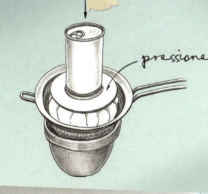

etapa 4
Dobre a musselina sobre os coágulos e em seguida cubra com um pires. Coloque uma lata de conserva cheia sobre o pires (que servirá como peso) e deixe repousar por 20 minutos para que a preparação endureça.

etapa 5
Desenforme delicadamente o tofu escorrido transpondo-o para um recipiente com água fria, a fim de retirar todo o amargo. Deixe de molho por dez minutos, em seguida renove a água e deixe de molho novamente por mais dez minutos.

etapa 6
Utilize o tofu em seguida ou conserve-o por até 3 dias na geladeira, coberto com água fria em um pote com tampa.

Como fazer tofu? 157

Não há nada melhor do que orecchiette, uma pasta em forma de conchas, para reter o gosto do molho. Se não encontrar esse tipo de massa, qualquer outro tipo de macarrão em forma de concha poderá ser utilizado. Para esta receita, os brócolis não devem ficar crocantes, pelo contrário, devem ficar bastante tenros, no entanto, o cozimento não deve ser longo.

Orecchiette com brócolis e pignoli

PARA 4 PESSOAS
PREPARO: 15 MINUTOS
COZIMENTO: 15 MINUTOS

200 g de brócolis

350 g de orecchiette (massa rústica)

4 colheres de sopa de azeite de oliva

1 pimenta sem semente e picada finamente

2 dentes de alho grandes picados

75 g de pignoli torrados

2 colheres de sopa de queijo pecorino ralado finamente

sal, pimenta

Escalde os brócolis em uma grande quantidade de água fervente durante três minutos. Escorra-os em uma peneira e enxágue em água corrente. Escorra novamente e pique-os de forma grosseira.

Cozinhe a pasta al dente em uma grande quantidade de água quente já salgada, durante 9 a 11 minutos (ou de acordo com as instruções da embalagem). Enquanto a massa cozinha, coloque o azeite de oliva em uma frigideira com a pimenta e o alho. Cozinhe em fogo médio até que o alho comece a exalar seu odor característico (você não deve dourá-lo). Acrescente os brócolis, cubra e cozinhe em fogo baixo durante alguns minutos. Tempere generosamente com sal, pimenta e adicione o pignoli.

Escorra a pasta, reservando duas colheres de sopa da água do cozimento. Coloque a pasta na frigideira com o queijo pecorino e a água do cozimento. Misture delicadamente e sirva.

Tortilhas de batata crocantes por fora e tenras por dentro para saborear com ovos pochês moles e um molho verde cheio de personalidade. Utilize ovos bem frescos. Se preparar suas tortilhas com algumas horas de antecedência, você não terá dificuldade para cozinhá-las.

Tortilhas de batata com azeitonas e ovos pochês

PARA 4 PESSOAS
PREPARO: 10 MINUTOS
REFRIGERAÇÃO: 15 MINUTOS + 1 HORA
COZIMENTO: 25 MINUTOS

500 g de batatas frescas

2 chalotas picadas finamente

2 colheres de sopa de azeitonas pretas sem caroço e picadas de forma grosseira

1 colher de sopa de salsa picada

50 g de queijo pecorino sardo em lascas

5 ovos frescos

1 colher de sopa cheia de fécula de batata ou de farinha de trigo + um pouco para enfarinhar as mãos

3 ou 4 colheres de sopa de azeite de oliva

4 colheres de sopa de molho verde (página 238)

sal, pimenta-do-reino moída na hora

Lave as batatas e as cozinhe por 15 minutos em água com sal, sem descascá-las, até que fiquem tenras, sem passar do ponto. Escorra as batatas, deixe esfriar por 15 minutos e as amasse de forma grosseira com um garfo. Acrescente as chalotas, as azeitonas, a salsa e a metade do queijo. Tempere generosamente com pimenta e coloque bem pouco sal. Experimente e corrija o tempero se necessário. Acrescente um ovo batido e a fécula de batata. Enfarinhe levemente as suas mãos e prepare oito tortilhas.

Deixe um espaço entre as tortilhas ao organizá-las em uma forma e coloque-as por pelo menos uma hora na geladeira, mas se possível até o dia seguinte. Antes de grelhá-las, besunte generosamente com azeite de oliva ambos os lados das tortilhas. Aqueça uma frigideira grill grande e doure as tortilhas em fogo baixo, por aproximadamente quatro minutos de cada lado, várias vezes, se necessário. Mantenha as tortilhas em local aquecido, enquanto estiver preparando os ovos pochês.

Aqueça a água em uma frigideira funda. Na primeira fervura, reduza o fogo de forma que o fundo da panela fique recoberto por minúsculas bolhas. Quebre os ovos sobre a água, um após o outro, o mais delicadamente possível. Cozinhe por 3 minutos, até que a clara esteja cozida. Tire os ovos da frigideira com uma escumadeira e coloque-os sobre papel toalha absorvente.

Sirva duas tortilhas e um ovo pochê por prato. Regue com 1 colherada de molho verde e salpique com lascas de queijo pecorino.

Mesmo que o arroz frito tenha uma preparação rápida, deve-se começar esta receita na véspera, pois para obter a textura certa ele deve passar um determinado tempo na geladeira. Utilize um resto de arroz da véspera (mas não mais antigo do que isso) se você tiver, e assegure-se que ele tenha sido colocado na geladeira no máximo uma hora depois de ter sido cozido. Uma vez que o arroz estiver pronto, o resto é fácil.

Arroz frito com castanha de caju

PARA 4 PESSOAS
PREPARO: 10 MINUTOS
REFRIGERAÇÃO: 1 NOITE
COZIMENTO: 25 MINUTOS

500 g de arroz aromatizado tailandês ou basmati cozido (ou 240 g de arroz cru)

400 g de mistura de legumes (vagem, ervilha, pequenas espigas de milho, por exemplo)

2 colheres de sopa de óleo de amendoim

100 g de castanha de caju sem casca

2 dentes de alho picados finamente

4 cm de gengibre picado finamente

2 ovos batidos

1 colher de chá de óleo de gergelim torrado

1 ou 2 colheres de sopa de molho de soja

geleia de tomate com pimenta (página 242) para servir

Se o arroz não estiver cozido, comece a preparar o prato na véspera. Lave muito bem o arroz em uma peneira, sob água corrente. Despeje o arroz lavado e escorrido em uma panela. Adicione água na panela até aproximadamente 2 cm acima do arroz. Leve à fervura e deixe cozinhar por dez minutos, até que a água tenha sido absorvida. Cubra a panela, retire-a do fogo e deixe descansar por dez minutos. Areje o arroz com um garfo e assim que esfriar, cubra a panela com um filme de PVC para alimentos e coloque na geladeira até o dia seguinte.

Assim que o arroz estiver pronto para ser frito, escalde os legumes em água fervente por dois minutos. Escorra os legumes e refresque-os em água fria.

Aqueça o óleo de amendoim em uma wok. Refogue as castanhas de caju até que fiquem douradas. Retire-as da wok com uma escumadeira e coloque-as em uma tigela. Cozinhe o alho e o gengibre na wok por um minuto. Acrescente o arroz frio e os legumes e em seguida refogue por dois minutos até que fique bem quente. Faça um buraco no centro da wok, empurrando os ingredientes para as bordas da panela. Despeje os ovos batidos nesse buraco com o óleo de gergelim. Mexa de vez em quando para que se forme uma espécie de omelete. Quebre a omelete em pedaços com uma espátula, misture com o arroz e adicione as castanhas de caju. Regue com o molho de soja e sirva com a geleia de tomate à parte.

É fato: os palitos de aipo-rábano destronaram a casca do pão que molhamos no ovo! Associados ao ovo de pato, esses deliciosos palitos estão presentes nas mesas que possuem mais estilo. São necessários apenas seis minutos de cozimento para os ovos e, enquanto os palitos de aipo assam no forno, aproveite para relaxar...

Ovos quentes de pato com palitos de aipo-rábano

PARA 2 PESSOAS
PREPARO: 15 MINUTOS
COZIMENTO: 35 MINUTOS

- 1 grande aipo-rábano de aproximadamente 800 g cortado em fatias grossas
- 2 colheres de sopa de azeite de oliva
- 1 colher de chá de sal de aipo (sal aromatizado) + uma pitada para os ovos
- 1 pitada de pimenta de Caiena
- 2 ovos de pato

Aqueça previamente o forno à temperatura de 230 °C. Corte as fatias de aipo-rábano em forma de grossos palitos. Mergulhe os palitos em água fervente com sal por dois minutos. Escorra os palitos de aipo, besunte-os com azeite de oliva, salpique com o sal de aipo e a pimenta de Caiena. Espalhe os palitos sobre uma grande assadeira, em uma só camada, e coloque no forno por aproximadamente 30 minutos.

Cinco minutos antes do final do cozimento dos palitos, mergulhe os ovos de pato em uma panela com água fervente e deixe ferver por seis minutos em fogo médio. Retire os ovos da água e quebre a parte de cima. Coloque cada ovo em um copo específico para servir ovos, polvilhe com uma pitada de sal de aipo e sirva com os palitos de aipo-rábano recém-retirados do forno.

Pratos rápidos

O rigatoni é um tipo de massa estriada em forma de tubo que fica ótimo com um molho de nozes. É um prato apimentado, mas não muito; quente, mas não muito; enfim, ideal e prático para uma bela noite de outono. Se quiser, sirva espinafre para acompanhar.

Rigatoni com pimenta e nozes

PARA 4 PESSOAS
PREPARO: 15 MINUTOS
COZIMENTO: 15 MINUTOS

300 g de nozes

1 colher de sopa de azeite de oliva

1 pimenta vermelha sem semente e finamente picada

½ dente de alho amassado

1 colher de chá de folhas de tomilho

2 colheres de sopa bem cheias de mascarpone

2 colheres de sopa de queijo parmesão ralado finamente

350 g de rigatoni (ou outro tipo de pasta em forma de tubo)

sal, pimenta-do-reino

Torre as nozes a seco em uma frigideira, mexendo constantemente até que fiquem douradas e exalem o seu perfume característico. Espalhe as nozes torradas sobre uma tábua de cozinha e, quando tiverem esfriado, pique-as de forma grosseira (pode haver pedaços maiores e menores).

Despeje o azeite de oliva em uma frigideira fria com a pimenta e o alho; em seguida, aqueça a frigideira por um a dois minutos em fogo baixo (o alho não deve mudar de cor). Fora do fogo, acrescente o tomilho e em seguida o mascarpone, o queijo parmesão, o sal e a pimenta. Adicione as nozes (separe duas colheres de sopa para a decoração) e reserve.

Cozinhe a massa al dente em uma grande quantidade de água fervente com sal, seguindo as instruções da embalagem. Escorra a massa, reservando algumas colheres de sopa da água do cozimento. Coloque novamente a massa na panela com a água do cozimento e o molho de nozes. Misture. Polvilhe com as nozes picadas e sirva.

Tomates

2
Panzanella com queijo burrata

Corte três tomates em pedaços de forma grosseira, em seguida misture-os com 150 g de pão branco feito com fermento natural esfarelado e leve ao forno. Tempere com azeite de oliva, vinagre de vinho tinto, sal, pimenta e manjericão fresco. Deixe descansar à temperatura ambiente por uma ou duas horas. Antes de servir, adicione a metade de uma cebola pequena picada finamente e coloque tudo sobre uma bola de queijo burrata ou mussarela de búfala.

1
Salada simples

Corte alguns tomates de diferentes tipos ao meio ou em fatias e em seguida coloque-os em uma travessa. Bata 50 ml de creme de leite líquido, 50 ml de azeite de oliva, 2 colheres de sopa de vinagre de vinho branco, 1 pitada de açúcar, 1 pitada de sal e 1 pitada generosa de pimenta-do-reino moída na hora. Regue os tomates com esse molho e salpique a salada com folhas de menta (ou hortelã) fresca.

Salada shopska

Corte quatro tomates grandes e dois pimentões vermelhos sem sementes em pedaços. Corte 15 cm de pepino descascado sem semente em cubos. Pique meia cebola roxa e corte duas colheres de sopa de folhas de salsa. Misture todos os ingredientes e tempere com vinagre de vinho tinto, azeite de oliva suave, sal e pimenta-do-reino. Antes de servir, polvilhe a salada com 100 g de queijo feta ralado de forma grosseira.

3

Torta de tomate com estragão

Aqueça previamente o forno à temperatura de 180 °C. Forre uma forma (12 x 35 cm) com massa podre. Coloque um quadrado de papel manteiga sobre a massa, em seguida cubra-a com feijões secos e asse por 15 minutos. Retire os feijões e o papel manteiga. Bata três ovos com 190 ml de creme de leite líquido e duas colheres de sopa de estragão picado. Tempere generosamente com sal e pimenta. Adicione três tomates sem pele, sem sementes e cortados em pedaços. Despeje o recheio sobre a massa da torta e leve ao forno por 25 minutos, até que o recheio esteja assado.

Dhal de tomates e espinafres

Despeje 250 g de lentilhas vermelhas lavadas em uma panela grande. Acrescente 900 ml de água e leve para ferver por dez minutos. Adicione 400 g de tomates em lata, meia colher de chá de cúrcuma, 4 cm de gengibre ralado, dois dentes de alho amassados, uma colher de chá de sementes de cominho e duas pimentas verdes picadas. Misture e cozinhe de 15 a 20 minutos em fogo baixo, mexendo constantemente. Adicione 200 g de brotos de espinafre, um fio de suco de limão verde, sal e pimenta-do-reino. Aprecie quente, com arroz cozido a vapor ou pão indiano sem fermento.

Torta invertida de tomates cerejas (tipo Tatin)

Aqueça previamente o forno à temperatura de 190 °C. Aqueça uma frigideira pequena (15 cm de diâmetro) em fogo baixo. Coloque nela duas colheres de sopa de azeite de oliva, 90 g de açúcar demerara e 250 g de tomates cereja inteiros. Cozinhe até que o açúcar fique dourado. Incorpore duas colheres de sopa de vinagre balsâmico. Retire a frigideira do fogo e tempere com sal e pimenta. Coloque um círculo de massa folhada sobre os tomates, esticando a massa para os lados. Coloque no forno por 15 minutos, até que a massa esteja assada. Desenforme delicadamente a torta ainda quente colocando-a sobre um prato e sirva em seguida com molho de tarator de nozes (página 241).

Pratos exclusivos e assados

Capítulo 7

Neste risoto, a pastinaca ralada derrete durante o cozimento. Frite algumas folhas de sálvia para a decoração e o seu risoto estará à altura dos pratos servidos nas mesas mais requintadas. Prepare chips de pastinaca: corte-as em fatias, passe-as no azeite de oliva e leve-as ao forno à temperatura de 160 °C, durante 25 a 30 minutos, até que os chips fiquem crocantes. Vire as fatias de pastinaca após 10 ou 15 minutos de cozimento

Risoto de pastinaca com sálvia e mascarpone

PARA 4 PESSOAS
PREPARO: 10 MINUTOS
COZIMENTO: 25 MINUTOS

1 litro de caldo de legumes, se possível caseiro (página 236)

40 g de manteiga

2 chalotas picadas finamente

2 pastinacas (ou cherovias) grandes raladas de forma grosseira

4 folhas pequenas de sálvia picadas

250 g de arroz para risoto

1 copo pequeno de vinho branco seco

2 colheres de sopa de mascarpone + um pouco para servir

60 g de queijo parmesão ralado finamente

chips de pastinaca para servir

Aqueça o caldo de legumes em uma panela. Assim que ferver, reduza o fogo e o mantenha aquecido.

Em outra panela, derreta a manteiga. Refogue as chalotas, a pastinaca e a sálvia por cinco minutos em fogo baixo, até que as chalotas fiquem translúcidas, não as deixe dourar. Despeje o arroz, mexa cuidadosamente para envolver os grãos e cozinhe por um minuto. Acrescente o vinho e mexa até que ele tenha sido absorvido. Adicione progressivamente o caldo de legumes, colocando uma concha de cada vez, misturando cuidadosamente após cada adição. Espere que o caldo seja absorvido antes de adicionar a próxima concha. Transcorridos 18 a 20 minutos, os grãos de arroz devem ter aumentado de tamanho, mas ainda devem estar um pouco crocantes, e o risoto deve apresentar uma consistência cremosa. Talvez você não precise utilizar todo o caldo de legumes.

Fora do fogo, adicione a metade do mascarpone e do queijo parmesão. Cubra e deixe descansar por cinco minutos. Antes de servir, incorpore o restante do mascarpone e do queijo parmesão e coloque uma colher de mascarpone sobre o risoto. Eventualmente, coloque também alguns chips de pastinaca.

Pratos exclusivos e assados

Há uma maneira diferente de assar pizza, a uma temperatura mais elevada do que a maioria de nossos fornos permite... Fazendo dessa forma, obtém-se uma massa bem crocante e um recheio adequadamente derretido. Uma vantagem a ser considerada: você não precisa comprar um forno de pizza!

Pizza de legumes grelhados

PARA 2 A 4 PESSOAS
PREPARO: 20 MINUTOS
REPOUSO: 1 HORA

PARA A MASSA:

250 g de farinha de trigo

½ colher de chá de fermento

¾ de colher de chá de sal

2 colheres de sopa de azeite de oliva + um fio para a saladeira

160 a 175 ml de água morna

PARA O RECHEIO:

2 abobrinhas picadas em fatias bem finas

1 bulbo de erva-doce picado

4 ramos de alecrim

2 colheres de sopa de azeite de oliva

2 colheres de sopa de farinha ou de amido de milho

2 bolas de mussarela de búfala picadas

sal, pimenta-do-reino

Comece preparando a massa. Misture todos os ingredientes secos em uma saladeira grande. Adicione o azeite de oliva e o suficiente de água para obter uma massa mole. Comece misturando os ingredientes com uma colher de pau, depois utilize suas mãos. Vire a saladeira sobre uma área de trabalho limpa, com um pouco de farinha, e trabalhe a massa por dez minutos, até que ela fique lisa e elástica. Unte a saladeira e retorne a massa para dentro dela. Cubra a saladeira com um pano de prato limpo e úmido. Deixe descansar por uma hora em local aquecido.

Aqueça previamente a grelha do seu forno. Passe os legumes e o alecrim no azeite de oliva. Tempere generosamente com sal e pimenta. Espalhe os legumes em uma assadeira untada e deixe grelhar por aproximadamente quatro minutos, virando os legumes na metade do tempo do cozimento. Tire a assadeira do forno, mas não o desligue. Assegure-se de que a cremalheira do forno esteja regulada no alto, perto do grill.

Aqueça uma frigideira grande com fundo espesso ou uma frigideira grill em fogo alto (uma frigideira grande de ferro fundido seria o ideal). Aqueça-a por pelo menos dez minutos, pois ela precisa estar bem quente.

Dê um soco na massa para retirar o ar. Divida-a em duas partes e estique cada pedaço de maneira a obter dois discos irregulares, ligeiramente menores do que a sua frigideira. Os discos devem ser finos, com aproximadamente 5 mm de espessura. Coloque cada disco de massa sobre um quadrado de papel manteiga salpicado com farinha ou amido de milho. Divida os legumes grelhados sobre cada disco de massa, bem como a mussarela. Regue com um fio de azeite de oliva.

Coloque uma das pizzas (sem o papel) na frigideira bem quente. Deixe cozinhar por um minuto e coloque a frigideira abaixo do grill do forno. Deixe assar por aproximadamente quatro minutos. Coloque a pizza sobre um prato grande para servir e coloque novamente a frigideira no fogo. Enquanto a frigideira esquenta, corte a pizza em quatro fatias. Aproveite para saborear a primeira pizza, enquanto a segunda é assada seguindo o mesmo procedimento.

Estes nhoques leves não precisam necessariamente passar pelo forno, você pode servi-los de imediato, após tê-los escaldado, com um pouco de manteiga derretida misturada com salsa ou com um molho de gorgonzola (página 240). O único elemento indispensável é uma salada verde fresca, que servirá para contrabalançar um pouco da untuosidade deste prato.

Nhoque gratinado com ricota e manteiga com salsa

PARA 4 PESSOAS
PREPARO: 30 MINUTOS
DRENAGEM: 8 A 24 MINUTOS
COZIMENTO: 13 A 18 MINUTOS

450 g de ricota

2 ovos batidos

15 g de manteiga derretida

algumas pitadas de noz-moscada ralada

40 g de queijo parmesão ralado finamente

100 g de farinha de trigo + um pouco para untar a forma

100 g de manteiga misturada com salsa (página 234) cortada em cubos

sal, pimenta-do-reino

É muito importante que toda a água da ricota seja retirada: se possível, comece a drená-la na véspera. Forre uma peneira com musselina. Coloque nela a ricota. Apoie a peneira sobre um recipiente, cubra e deixe escorrer a água de 8 a 24 horas. Você também pode envolver a ricota em um quadrado de musselina e torcer firmemente para retirar a água. Em seguida, deposite a ricota e a musselina em uma peneira. Coloque um prato sobre a ricota envolvida na musselina e sobre o prato ponha algumas latas de conserva, deixando descansar por 20 minutos. Pressione uma última vez a ricota antes de retirá-la da musselina. Despeje a ricota escorrida em uma saladeira e amasse-a com um garfo. Acrescente os ovos, a manteiga, a noz-moscada e 15 g de queijo parmesão ralado. Tempere com o sal, a pimenta-do-reino e misture tudo com um garfo.

Espalhe a farinha de trigo em um prato. Deposite colheradas de chá com a mistura de ricota na farinha de trigo (faça aproximadamente cinco nhoques por vez). Vire os nhoques com um garfo, pegue-os um por um e enrole com as mãos para que fiquem com uma forma oval. Não os amasse. Coloque os nhoques aos poucos em uma assadeira ligeiramente enfarinhada. Você pode assá-los de imediato ou então deixá-los por uma hora aproximadamente na geladeira, para que fiquem firmes.

Coloque metade da manteiga misturada com a salsa em um recipiente e preaqueça o forno a 200 ºC. Aqueça uma grande quantidade de água com sal. Assim que ferver, mergulhe os nhoques na água, um por um, e deixe-os cozinhar até que subam à superfície (três minutos). Retire-os com uma escumadeira. Escorra-os por alguns segundos antes de colocá-los no recipiente com a manteiga misturada com a salsa. Misture delicadamente para que a manteiga derreta e em seguida despeje tudo em uma forma refratária. Regue com o restante da manteiga misturada com a salsa e salpique com o queijo parmesão. Asse de 10 a 15 minutos no forno, até que fique dourado e borbulhe. Sirva esse prato gratinado com uma salada verde.

Pratos exclusivos e assados

Uma receita especial, em que a sêmola de cuscuz deve ser torrada antes de ser assada com a cebola. Tempere generosamente com sal e pimenta. Para reforçar ainda mais o sabor desse prato, utilize ervas finas, raspas de cascas de frutas cítricas e azeite de qualidade.

Cebola roxa assada recheada com sêmola de cuscuz

PARA 4 PESSOAS
PREPARO: 20 MINUTOS
COZIMENTO: 1 HORA E 40 MINUTOS

4 cebolas roxas grandes com casca

2 colheres de sopa de azeite de oliva + um fio

30 g de manteiga

½ colher de chá de canela em pó

3 colheres de sopa de sêmola de cuscuz

300 ml de caldo de legumes, se possível feito em casa (página 236)

2 colheres de sopa de damasco seco picado

2 colheres de sopa de pignolis torrados a seco

1 colher de sopa de salsa lisa picada

sal, pimenta-do-reino

Aqueça previamente o forno a 200 °C. Corte a parte de cima das cebolas horizontalmente e reserve. Corte a raiz na base das cebolas, de maneira que elas fiquem em pé. Não as corte demais, evitando assim que se fragmentem. Organize-as em uma fôrma refratária ou em uma panela. Despeje um copo de água na fôrma e regue as cebolas com um fio de azeite de oliva. Cubra e leve ao forno por uma hora. Retire a tampa e reserve. Quando as cebolas tiverem esfriado o suficiente para serem manipuladas, retire o centro com uma colher pequena, sem tocar as camadas externas. Pique de forma grosseira o centro das cebolas.

Aqueça as duas colheres de sopa de azeite de oliva com 15 g de manteiga em uma frigideira. Refogue a cebola picada, a canela e a sêmola de cuscuz durante alguns minutos, até que o cuscuz fique tostado, ou seja, com uma coloração dourada. Despeje 100 ml de caldo de legumes, tempere generosamente com sal e pimenta-do-reino e retire a frigideira do fogo. Deixe descansar por cinco minutos e depois acrescente os damascos, o pignolis e a salsa. Misture delicadamente.

Recheie as cebolas com essa mistura. Adicione a parte superior das cebolas (as tampas) na travessa refratária e o restante do caldo de legumes. Espalhe o que sobrou da manteiga sobre as cebolas e asse por 25 minutos no forno, sem cobrir, até que as cebolas fiquem douradas. Se elas tostarem muito rapidamente, coloque um pedaço de papel alumínio ou uma tampa sobre a travessa refratária, durante o cozimento. Antes de servir, se quiser, coloque a parte superior das cebolas (a parte cortada) sobre elas.

Por que comer castanhas apenas no inverno? Este prato caberá perfeitamente em uma refeição natalina, como acompanhamento. Você pode substituir os tupinambos por batatas, pedaços de aipo-rábano ou ainda por pastinaca.

Castanhas assadas e tupinambos

PARA 3 OU 4 PESSOAS
PREPARO: 15 MINUTOS
COZIMENTO: 30 MINUTOS

500 g de tupinambos

um fio de suco de limão

60 g de manteiga

1 cebola picada

2 dentes de alhos com casca amassados

4 folhas de louro

200 g de castanhas cozidas e descascadas (a vácuo)

1 copo pequeno de vinho tinto

1 copo pequeno de caldo de legumes, se possível feito em casa (página 236)

sal, pimenta-do-reino

Comece descascando os tupinambos. Corte-os em fatias de 2 cm de espessura, que você mergulhará em um pote com água e limão.

Derreta a manteiga em uma panela ou em uma frigideira com o fundo espesso. Refogue a cebola durante cinco minutos em fogo baixo, até que ela fique transparente. Adicione o alho, o louro, os tupinambos escorridos (sem nenhuma gota de água), as castanhas, um pouco de sal e a pimenta-do-reino. Misture bem para que os legumes fiquem cobertos de manteiga. Coloque uma tampa e deixe cozinhar por dez minutos, mexendo de vez em quando. Acrescente o vinho, o caldo de legumes e leve à fervura. Deixe ferver por dez minutos, até que os tupinambos amoleçam e o molho tenha reduzido. Retifique o tempero, se necessário.

Antes de servir, amasse os dentes de alho com um garfo para extrair a polpa e descarte a casca. O alho reforçará a riqueza e o sabor deste prato.

Sirva legumes verdes como acompanhamento ou opte por um purê de batata se estiver com muita fome.

Berinjela um pouco crua: existe coisa mais frustrante que essa? Felizmente, nesta receita há poucas chances de isso acontecer. Fritas e depois assadas, crocantes e douradas por fora, e ao mesmo tempo tenras por dentro, elas são simplesmente… perfeitas!

Berinjela assada com repolho chinês, amendoim e manjericão tailandês

PARA 4 PESSOAS
PREPARO: 15 MINUTOS
COZIMENTO: 10 A 15 MINUTOS

- 12 mini berinjelas cortadas ao meio
- 100 ml de óleo de amendoim
- 2 dentes de alho picados
- 3 cm de gengibre picado finamente
- 6 mini repolhos chineses cortados ao meio
- 4 cebolas novas picadas
- 2 colheres de sopa de molho de soja claro
- 2 colheres de chá de açúcar mascavo
- 3 colheres de sopa de amendoim torrado e moído
- 1 punhado pequeno de folhas de manjericão tailandês
- arroz cozido no vapor, para servir

Corte a polpa da berinjela fazendo cruzes com a ponta de uma faca. Aqueça o óleo em uma wok (utensílio básico da culinária asiática, panela grande também utilizada para fazer yakissoba), até que comece a chiar. Refogue as berinjelas até ficarem bem douradas, virando-as de vez em quando com uma pinça. Coloque as berinjelas em um prato forrado com um papel toalha. Jogue fora todo o óleo da wok, guardando apenas aproximadamente uma colher de sopa, que será utilizada em seguida.

Coloque a wok novamente no fogo. Refogue o alho e o gengibre por 30 segundos com a colher de óleo, adicione os repolhos chineses e as cebolas. Cozinhe por mais um minuto.

Coloque novamente as berinjelas na wok com o molho de soja, o açúcar e duas colheres de sopa de água. Primeiro deixe ferver e depois deixe engrossar por mais dois minutos.

Espalhe os amendoins moídos e o manjericão tailandês. Sirva acompanhado de arroz cozido no vapor.

Um prato típico da Malásia, original e saboroso, que combina perfeitamente com um simples arroz cozido no vapor como acompanhamento. Nesta receita tradicional, os ovos são duros, mas o resultado ainda é melhor quando a gema do ovo fica um pouco líquida! Para cozinhar os ovos duros, coloque-os em uma panela, cubra com água fria e aqueça em fogo médio. Assim que a água começar a borbulhar, retire a panela do fogo e deixe descansar por sete minutos. Refresque os ovos com água fria e retire a casca.

Curry com ovos

PARA 4 PESSOAS
PREPARO: 15 MINUTOS
COZIMENTO: 15 MINUTOS

3 tomates

1 colher de sopa de óleo de amendoim

4 chalotas picadas

3 dentes de alho picados

4 cm de gengibre picado finamente

1 colher de chá de sementes de coentro amassadas

1 colher de chá de sementes de cominho amassadas

½ colher de chá de cúrcuma em pó

1 colher de sopa de sambal oelek (tipo de pasta de pimenta, obtida em mercearias asiáticas)

400 ml de leite de coco

2 colheres de sopa de polpa de tamarindo

1 colher de sopa de açúcar mascavo

1 boa pitada de sal

8 ovos cozidos duros

2 colheres de sopa de chalotas fritas

arroz cozido no vapor, para servir

Com uma faca bem afiada, faça um corte em forma de cruz na base dos tomates. Regue-os com água fervente e deixe descansar por um minuto. Escorra os tomates, descasque-os e em seguida corte a polpa em pedaços grandes.

Aqueça o óleo em uma wok (utensílio básico da culinária asiática, panela grande também utilizada para fazer yakissoba) ou em uma panela. Refogue as chalotas, o alho e o gengibre durante um minuto. Acrescente as sementes de coentro, o cominho, a cúrcuma, o sambal oelek e os tomates. Refogue por mais alguns minutos.

Adicione o leite de coco, o tamarindo, o açúcar e o sal. Leve à fervura e deixe cozinhar por cinco minutos, até que engrosse. Acrescente os ovos e cozinhe por mais alguns minutos, para aquecê-los. Salpique com as chalotas fritas. Sirva com arroz cozido no vapor como acompanhamento.

Pratos exclusivos e assados

Guarnições

Salada de mamão papaia verde

Misture um mamão papaia grande verde descascado e ralado com uma cenoura grande também ralada. Tempere com o molho de gengibre e limão verde (página 244). Acrescente duas colheres de sopa de folhas de manjericão tailandês. Polvilhe com amendoins ou castanhas de caju torradas e picadas.

Legumes verdes e tarator de nozes

Mergulhe alguns legumes verdes da estação – escarola, couve-lombarda, brócolis, acelga ou repolho chinês – em água fervente com sal e cozinhe até que fiquem tenros. Escorra os legumes e tempere com o tarator (sopa de iogurte) de nozes (página 241).

Aspargos com migalhas de brioche

Cozinhe os aspargos verdes em água e sal até que fiquem tenros na medida cer Derreta uma colher de chá de manteiga em uma frigideira. Refogue as migalhas de brioche com rapas de meio limão. Quando as migalhas estiverem douradas tempere-as com sal, pimenta e as polvil sobre os aspargos. Os aspargos combir muito com molho holandês ou molho de gorgonzola (página 240).

186 Guarnições

4
Salada de repolho roxo com gomásio

Corte meio repolho roxo em tiras bem finas. Corte uma maçã vermelha em quatro partes e faça fatias finas. Tempere com um pouco de óleo de gergelim torrado, vinagre de arroz e molho de soja. Acrescente algumas folhas de coentro e salpique com gomásio (página 236). Esta receita combina com milho verde torrado ou com cenouras raladas.

6
Batata-doce com especiarias

Aqueça previamente o forno a 200 °C. Descasque 600 g de batata-doce e corte-as em quatro partes.
Em uma tigela, misture três colheres de sopa de azeite de oliva, dois dentes de alho amassados, uma colher de sopa de sementes de cominho amassadas, uma colher de sopa de sementes de erva-doce amassadas, uma colher de sopa de sementes de coentro amassadas e uma pitada de pimenta seca. Passe os pedaços de batata-doce nessa mistura. Tempere com sal e pimenta e espalhe a batata doce sobre uma assadeira. Cozinhe por 35 minutos, virando-as na metade do tempo do cozimento. Sirva a batata doce com um pesto de salsinha ou de rúcula (página 238).

5
Carpaccio de beterraba e figo com molho tapenade

Corte quatro beterrabas cruas descascadas em fatias bem finas. Corte três figos o mais finamente possível, tentando não estragar as fatias. Coloque as beterrabas e os figos em um prato. Polvilhe com folhinhas de tomilho limão. Em uma tigela, misture duas colheres de sopa de molho tapenade de figo (página 240) com uma colher de sopa de vinagre de vinho tinto, uma colher de sopa de azeite de oliva e uma colher de sopa de água. Despeje esse molho sobre as beterrabas e os figos. Por fim, tempere generosamente com sal e pimenta.

Às vezes queremos algo simples. Prepare este gratinado com antecedência para esquentá-lo quando chegar a hora de uma refeição ou prepare só as panquecas. Empilhe-as, separadas umas das outras com papel manteiga, e conserva-as por um ou dois dias na geladeira, bem embaladas.

Panquecas gratinadas com espinafre, ervas finas e ricota

PARA 4 PESSOAS
PREPARO: 20 MINUTOS
REPOUSO: 20 MINUTOS
COZIMENTO: APROXIMADAMENTE 30 MINUTOS

PARA AS PANQUECAS:

275 ml de leite

2 ovos batidos

30 g de manteiga derretida + um pouco para cozinhar as panquecas

60 g de farinha de trigo integral

60 g de farinha de trigo sarraceno

1 pitada de sal

PARA O RECHEIO:

30 g de manteiga + um pouco para o prato

200 g de espinafre lavado e seco

250 g de ricota escorrida

2 colheres de sopa de ervas finas picadas (cebolinha verde, manjericão ou salsinha)

1 boa pitada de noz-moscada ralada

4 colheres de sopa de queijo parmesão ralado finamente

1 porção de molho rústico de tomate assado (página 242)

Comece fazendo a massa das panquecas. Bata o leite com os ovos, a manteiga derretida, a farinha de trigo integral, a farinha de trigo sarraceno e o sal, até obter uma massa lisa. Você também pode misturar os ingredientes em um processador de alimentos. Se houver tempo, deixe a massa descansar por aproximadamente 20 minutos. Aqueça uma colher de chá de manteiga em uma frigideira. Quando a manteiga começar a fervilhar, coloque uma pequena concha (aproximadamente duas colheres de sopa) de massa na frigideira. Incline a frigideira para que a massa cubra todo o fundo, de maneira a obter uma panqueca bem fina. Cozinhe por aproximadamente um minuto, vire a panqueca e cozinhe o outro lado também por um minuto. Coloque a panqueca em um prato e prepare as sete restantes. Empilhe as panquecas, intercalando-as com pedaços de papel manteiga.

Unte com manteiga uma assadeira ou travessa refratária grande e aqueça previamente o forno a 200 °C.

Prepare o recheio. Amoleça os espinafres com manteiga em uma frigideira e os retire do fogo. Quando tiverem esfriado, pique-os de forma grosseira e misture-os com a ricota, as ervas finas, a noz-moscada e a metade do queijo parmesão. Divida o recheio colocando-o no centro das panquecas e dobre-as ao meio; dobre-as novamente ao meio e forme pequenos leques. Organize as panquecas recheadas na forma ou na travessa refratária untada. Espalhe o molho de tomate. Polvilhe o restante do queijo parmesão e cozinhe por aproximadamente 20 minutos no forno, até que o queijo fique dourado e borbulhe.

Um prato nutritivo e simples com todo o seu esplendor. Uma receita que faz os ingredientes derreterem na boca, na qual os sabores se misturam e que as crianças adoram. Ouse variar os legumes, acrescentando, por exemplo, batatas, para obter mais suavidade no prato.

Gratinado de legumes ralados com creme e queijo gruyère

PARA 4 A 6 PESSOAS
PREPARO: 20 MINUTOS
COZIMENTO: 1 HORA

1 dente de alho cortado ao meio

manteiga amolecida para untar a forma

500 g de abóbora-rasteira ou moranga sem semente e ralada

200 g de cenouras raladas

200 g de pastinaca ralada

200 g de batata doce-ralada

400 ml de creme de leite fresco

100 ml de vinho branco seco

120 g de queijo gruyère ralado de forma grosseira

2 colheres de chá de folhas de tomilho

sal, pimenta-do-reino

Aqueça previamente o forno a 200 °C. Esfregue o alho nas laterais de uma forma refratária com bordas altas de tamanho médio. Jogue fora o alho e unte a forma com manteiga.

Coloque a metade dos legumes ralados na forma, pressionando-os firmemente para retirar o máximo de ar. Você pode misturar os legumes ou formar camadas distintas. Tempere generosamente as camadas de legumes com sal e pimenta-do-reino.

Misture o creme de leite fresco, o vinho, o sal e a pimenta-do-reino. Coloque metade dessa mistura sobre os legumes. Polvilhe 40 g de queijo gruyère e a metade do tomilho. Divida o restante dos legumes ralados sobre essa primeira camada, pressionando-os firmemente. Cubra com o restante do creme de leite, tempere levemente com sal e pimenta-do-reino. Por fim, coloque o restante do tomilho e do queijo gruyère.

Cubra com papel alumínio e deixe no forno por 30 minutos. Retire o papel alumínio e deixe assar por aproximadamente mais 30 minutos, até que o gratinado esteja dourado e borbulhando. Deixe descansar por pelo menos dez minutos. Sirva com uma salada de folhas verdes ou com legumes verdes cozidos no vapor, como acompanhamento.

Pratos exclusivos e assados

Uma entrada aparentemente rústica, mas que engana. Se a ideia de preparar alcachofras frescas assusta, utilize alcachofras marinadas no azeite, como os banqueteiros a preparam. Neste caso, refogue as chalotas e o alho e em seguida adicione os demais ingredientes. Recheie as alcachofras com essa mistura, depois as doure no forno por 15 a 20 minutos. Você não precisará utilizar o caldo.

Alcachofras, farinha de rosca com limão e orégano e maionese cítrica

PARA 4 PESSOAS
PREPARO: 30 MINUTOS
COZIMENTO: APROXIMADAMENTE 50 MINUTOS

PARA AS ALCACHOFRAS:

12 alcachofras roxas pequenas

suco e raspas finas de 1 limão

2 chalotas picadas finamente

4 colheres de sopa de azeite de oliva

1 dente de alho amassado

100 g de farinha de rosca

1 colher de sopa de folhas de orégano picadas

1 copo de vinho branco

1 copo de caldo de legumes, se possível caseiro (página 236)

sal, pimenta-do-reino

PARA A MAIONESE:

raspas finas de 1 limão

1 colher de sopa de suco de limão

½ porção de maionese, se possível caseira (página 236)

Aqueça previamente o forno a 180 ºC. Corte o caule das alcachofras de maneira que elas possam ficar de pé. Retire as folhas externas, mais duras, até chegar às folhas internas, mais claras. Corte a extremidade das folhas e afaste delicadamente estas últimas. Com uma pequena colher, retire os fios do feno. Mergulhe as alcachofras em um recipiente com água e limão.

Em uma panela ou uma assadeira de fundo espesso, amoleça as chalotas com três colheres de sopa de azeite de oliva. Acrescente o alho e siga cozinhando por mais um minuto. Despeje a mistura em um pote. Adicione a farinha de rosca, as raspas de limão, o orégano, o sal e a pimenta-do-reino. Misture delicadamente. Retire as alcachofras da água e as escorra. Recheie-as com a mistura de farinha de rosca.

Despeje o restante do azeite de oliva em uma panela e coloque as alcachofras. Adicione o vinho e o caldo de legumes. Cubra hermeticamente (com uma tampa adequada ou com duas camadas de papel alumínio). Leve ao forno por 30 minutos, retire a tampa (ou o alumínio) e asse por mais 10 a 15 minutos, até que a farinha de rosca tenha dourado.

Incorpore as raspas e o suco de limão na maionese. Sirva com as alcachofras.

Variante da região de Nice para a pizza, esta torta muito saborosa é tradicionalmente decorada com filés de anchova salgada. Para a versão vegetariana, substituímos as anchovas por tiras de tomate seco marinadas no azeite.

Pissaladière

PARA 4 A 6 PESSOAS
PREPARO: 35 MINUTOS
REFRIGERAÇÃO: 30 MINUTOS
COZIMENTO: APROXIMADAMENTE 1 HORA

PARA O RECHEIO:

900 g de cebolas picadas

3 colheres de sopa de azeite de oliva

400 g de tomates em conserva escorridos picados de forma grosseira

18 tomates secos marinados no azeite, escorridos e cortados em tiras

12 azeitonas pretas sem caroço

POUR LA PÂTE :

175 g de farinha de trigo

½ colher de chá de sal

90 g de manteiga cortada em cubos

1 gema de ovo

2 ou 3 colheres de sopa de água gelada

um pouco de farinha para trabalhar a massa

Em uma panela grande, amoleça as cebolas no azeite de oliva. Cozinhe em fogo baixo tampando a panela: as cebolas não devem ficar queimadas. Verifique e mexa regularmente. Assim que as cebolas tiverem adquirido uma bela coloração dourada (aproximadamente 30 minutos), acrescente os tomates picados. Aumente um pouco o fogo e siga cozinhando, sem tampar a panela, até que o líquido tenha evaporado e os tomates tenham começado a se desmanchar.

Prepare a massa. Coloque a farinha, o sal e a manteiga em um processador de alimentos e bata rapidamente a mistura. Acrescente a gema de ovo e duas colheres de sopa de água gelada. Trabalhe mais um pouco a mistura, adicionando água (uma colher de chá por vez) até que a massa forme uma bola.

Retire o ar da massa com o rolo de macarrão sobre uma área de trabalho levemente enfarinhada. Coloque a massa em uma forma retangular (35 x 12 cm) ou redonda (20 cm de diâmetro). Pressione a massa para que ela se adapte à forma, mas não a estique, se não ela diminuirá de tamanho enquanto assa no forno. Perfure a massa com um garfo e coloque a forma na geladeira por 30 minutos.

Aqueça previamente o forno a 190 °C. Coloque um pedaço de papel manteiga sobre a massa, cubra o papel com legumes secos (feijões ou lentilhas, por exemplo) e asse por dez minutos no forno. Retire os feijões e o papel, e deixe assar por aproximadamente cinco minutos, até que a massa adquira um belo tom dourado. Retire a fôrma do forno e, assim que a massa tiver esfriado, iguale as bordas da massa com uma faca bem afiada.

Espalhe as cebolas com os tomates sobre a massa. Disponha as tiras de tomate seco sobre o recheio, entrecruzando-as. Decore com as azeitonas pretas. Leve ao forno por 20 a 25 minutos. Coloque um pedaço de papel alumínio sobre a pissaladière para evitar que a massa e o recheio fiquem queimados.

Pratos exclusivos e assados

Apesar da riqueza dos ingredientes, trata-se de um aperitivo delicado e refinado. Como sempre, quando se trata de um prato simples, os ingredientes devem ser de qualidade. O ideal, logicamente, é fazer a massa da lasanha em casa (página 250), multiplicando as medidas por 1,5. Mas também é possível comprar uma boa massa de lasanha fresca e deixá-la mais fina com um rolo de macarrão.

Lasanha de mil folhas com cogumelos

PARA 6 A 8 PESSOAS
PREPARO: 40 MINUTOS
COZIMENTO: 50 MINUTOS

- 1 porção de molho Béchamel (página 241)
- manteiga para untar a forma refratária
- 450 g de folhas de lasanha frescas
- um fio de azeite de oliva
- 300 g de cogumelos (de vários tipos) picados finamente
- 30 g de manteiga
- 1 dente de alho amassado
- 1 punhado grande de folhas de manjericão
- 4 colheres de sopa de queijo parmesão ralado finamente
- 2 bolas de queijo mussarela de búfala em pedaços
- sal, pimenta-do-reino

Comece preparando o molho Béchamel. Você deve cobri-lo para impedir a formação de uma pele espessa, tipo uma nata. Reserve.

Aqueça previamente um forno a 180 °C. Unte uma forma refratária de cerâmica. Corte as folhas de lasanha em duas ou três partes, para que caibam facilmente na forma. Mergulhe as folhas, uma por uma, em uma panela de água fervendo com sal. Cozinhe por apenas um a dois minutos. Escorra a água e esfrie a massa com água da torneira. Regue com um fio de azeite de oliva e espalhe as folhas sobre um pano de prato limpo, em uma só camada.

Refogue os cogumelos na manteiga durante alguns minutos, até que eles amoleçam, mas sem alterar a sua coloração. Adicione o alho e cozinhe por dois minutos até que quase toda a água tenha evaporado. Espalhe um pouco dessa mistura no fundo da forma e polvilhe com o manjericão. Não tenha a mão muito pesada: trata-se de fazer várias camadas finas no lugar de espessas camadas de recheio. Coloque uma folha de lasanha sobre os cogumelos, em seguida despeje uma camada bem fina de molho Béchamel. Tempere levemente com sal e pimenta e espalhe o queijo parmesão ralado. Coloque uma nova folha de lasanha sobre o Béchamel e prossiga, começando com a camada de cogumelos. Continue alternando as camadas, até que não haja mais ingredientes. Finalize com uma camada de Béchamel cobrindo a última folha de lasanha. Espalhe os pedaços de queijo mussarela e polvilhe com o queijo parmesão.

Leve ao forno por aproximadamente 35 minutos, até que a lasanha borbulhe e as laterais estejam douradas.

O que diria de uma frittata para o jantar? É simples, fácil de preparar e lhe proporcionará 15 minutos de descanso enquanto ela assa no forno. A cevada, não muito comum em uma frittata, a deixa um pouco crocante. Se você prefere mais macia, asse por mais dez minutos.

Fritatta de ervilhas, cevada e favas

PARA 6 PESSOAS
PREPARO: 15 MINUTOS
COZIMENTO: 50 MINUTOS

150 g de cevada

2 ramos de menta (ou hortelã)

100 g de ervilhas sem casca (peso sem a casca)

100 g de favas sem casca (peso sem a casca)

6 ovos ligeiramente batidos

3 colheres de sopa de creme de leite fresco

1 dente de alho amassado

3 colheres de sopa de azeite de oliva

150 g de halloumi cortado em cubos ou de queijo coalho

sal, pimenta-do-reino

Cubra a cevada com bastante água fria. Acrescente uma pitada de sal, um ramo de menta e leve ao fogo. Deixe ferver por 20 minutos, até que a cevada amoleça. Acrescente as ervilhas, as favas e cozinhe por mais alguns minutos, antes de escorrer a água.

Aqueça previamente o forno a 200 °C. Pique o ramo de menta que sobrou. Misture os ovos com a menta picada, o creme de leite e o alho amassado. Tempere generosamente com a pimenta-do-reino, mas ponha pouco sal, pois o queijo já é salgado. Aqueça uma frigideira grande, que possa ir ao forno, em fogo médio. Despeje o azeite de oliva e espalhe a mistura de cevada. Acrescente os ovos batidos, inclinando a frigideira para que a omelete fique bem espalhada. Salpique os cubos de queijo halloumi sobre a omelete, empurrando alguns pedaços para dentro. Cozinhe por mais dois minutos e coloque a frigideira no forno por 15 a 20 minutos, até que a omelete esteja cozida e que o queijo tenha ficado dourado. Deixe a frittata descansar por cinco minutos antes de cortá-la e servir.

Pratos exclusivos e assados

Risotos

2
Abobrinhas e queijo taleggio

Siga a receita do risoto bianco, acrescentando algumas folhas de tomilho e duas abobrinhas cortadas em cubos pequenos aproximadamente 15 minutos antes do final do cozimento. Fora do fogo, acrescente 100 g de queijo taleggio cortado em cubos, no mesmo momento em que colocar a manteiga e o queijo parmesão. Deixe descansar. Ao serem aquecidos, os cubos de queijo ficarão tenros.

1
Bianco

Aqueça um litro de caldo de legumes. Amoleça três chalotas picadas em uma colher de sopa de azeite de oliva e 15 g de manteiga. Acrescente 400 g de arroz para risoto e misture. Adicione dois copos de vinho branco seco. Misture até que o vinho tenha sido absorvido. Tempere com sal e despeje uma concha de caldo de legumes. Mexa até que o caldo seja absorvido. Siga acrescentando o caldo de legumes aos poucos (18 minutos), até que o arroz fique macio. Fora do fogo, incorpore 50 g de manteiga em cubos e 100 g de queijo parmesão ralado. Cubra e deixe descansar por dois minutos.

Tomates e pesto

Siga a receita do risoto bianco e acrescente no meio do cozimento seis tomates assados cortados ao meio (página 242), picados de forma grosseira. Não coloque a manteiga no final. Acrescente 50 g de queijo parmesão ralado. Coloque em cada prato individual de risoto uma colher de sopa de pesto clássico (página 238) com uma metade de tomate assado. Espalhe as folhas de manjericão.

3

4
Erva-doce e limão

Siga a receita de risoto bianco, acrescentando um bulbo grande de erva-doce picado finamente e um dente de alho amassado no momento que refogar as chalotas. Cinco minutos antes do final do cozimento, incorpore raspas de um limão ralado finamente. Fora do fogo, acrescente o suco de um limão pequeno e substitua a manteiga por 50 g de mascarpone. Decore com raminhos de erva-doce picados e um pouco de raspas de limão.

6
Couve-flor com pangrattato

Siga a receita do risoto bianco e acrescente 400 g de couve-flor e uma folha de louro no caldo de legumes. Deixe ferver por dez minutos. Acrescente dois dentes de alho amassados, com as chalotas. Quando você acrescentar o caldo de legumes no arroz, acrescente também a couve-flor. Em um processador de alimentos, triture 150 g de pão feito com fermento natural com uma pitada de pimenta seca, um dente de alho e uma colher de chá de folhas de tomilho. Refogue a farinha de rosca recém-preparada em 25 g manteiga e duas colheres de sopa de azeite de oliva, até que fique dourada. Sirva o risoto salpicado com a farinha de rosca torrada por cima.

5
Alho selvagem

Siga a receita do risoto bianco. Dois minutos antes do final do cozimento, acrescente aproximadamente 150 g de folhas de alho selvagem (conhecido com "alho de urso"). Incorpore a manteiga e o queijo. Sirva um pouco de queijo parmesão em uma tigela à parte.

Banquetes

Capítulo 8

Às vezes o caviar de berinjela é chamado de "caviar de pobre", mas essa é uma denominação indevida. Claro que você não encontrará nenhuma ova de peixe nesta receita, mas estes petiscos são suficientemente refinados para serem servidos como aperitivo antes de um jantar comemorativo. As sementes pequenas de romã são para reforçar o lado elaborado dessas mini crepes (mini panquecas).

Crepes de salsa e caviar de berinjela com sementes de romã

PARA APROXIMADAMENTE 24 CREPES PEQUENAS
TEMPO DE PREPARO: 15 MINUTOS
COZIMENTO: 1 HORA

PARA O CAVIAR DE BERINJELA:

1 dente de alho

2 colheres de chá de sementes de cominho

2 berinjelas cortadas ao meio no sentido do comprimento

3 colheres de sopa de azeite de oliva

2 colheres de chá de melaço de romã ou um fio de suco de limão

4 colheres de sopa de iogurte grego espesso

3 colheres de sopa de sementes de romã

Sal, pimenta-do-reino

PARA AS CREPES:

225 g de farinha de trigo com fermento incorporado

1 colher de chá de fermento químico

2 ovos batidos

260 ml de soro de leite coalhado

1 colher de sopa de salsa picada + algumas folhas para servir

manteiga, para preparar as crepes

Aqueça previamente o forno a 200 °C. Com um socador, amasse o alho, as sementes de cominho e uma boa pitada de sal, no pilão. Espalhe essa mistura sobre a parte cortada das berinjelas. Reconstitua as berinjelas e envolva-as em papel alumínio. Asse por 40 minutos no forno, até que as berinjelas fiquem amolecidas, retire o papel e deixe esfriar.

Com uma colher, retire o miolo (a polpa) das berinjelas, coloque-o em uma panela e jogue fora a casca. Acrescente o azeite de oliva e aqueça mexendo sempre, até que o preparo ferva. Cozinhe por aproximadamente cinco minutos, para que a água evapore e para concentrar os sabores. Deixe esfriar e incorpore o melaço de romã (ou o suco de limão), uma colher de iogurte, sal e pimenta-do-reino a gosto.

Misture duas colheres de sopa de sementes de romã com o restante do iogurte e reserve.

Prepare as crepes. Misture todos os ingredientes (com exceção de algumas folhas de salsa para a decoração) até obter uma massa lisa. Derreta a manteiga em uma frigideira. Deposite colheres de chá cheias de massa na frigideira e cozinhe por um ou dois minutos de cada lado. Vire as crepes quando pequenas bolhas que sobem na superfície da massa começarem a explodir.

Deposite uma colher de chá de caviar de berinjela sobre cada mini crepe. Por fim, coloque um pouco de iogurte, algumas sementes de romã e um ramo de salsa como acabamento do prato.

Stéphane Reynaud é proprietário do Villa9trois em Montreuil desde 2003. Suas receitas testemunham sua paixão pela gastronomia moderna e por produtos frescos, de qualidade e da estação. Ele tem uma preferência pelos maravilhosos rolinhos primavera, simples e que se adaptam às estações. No inverno, por exemplo, pense em queijo roquefort, em peras, beterrabas...

Stéphane Reynaud
Rolinhos primavera... de verão

PARA 6 PESSOAS
PREPARO: 30 MINUTOS
COZIMENTO: 20 MINUTOS

PARA O PURÊ DE TOMATE:

4 tomates grandes bem maduros

um fio de azeite de oliva

30 g de gengibre ralado

1 cebola pequena finamente picada

4 dentes de alho finamente picados

sal e pimenta

PARA OS ROLINHOS:

1 cebola nova finamente picada

200 g de queijo de cabra fresco

2 colheres de sopa de azeite de oliva

6 crepes grandes de arroz seco (encontra-se em lojas de ingredientes asiáticos) ou 12 pequenas

1 manga descascada, sem caroço e cortada em filetes

100 g de brotos de soja

50 g de brotos de alfafa

½ pepino descascado, sem sementes e picado em filetes

1 punhado de folhas de rúcula

2 colheres de sopa de molho de soja

Prepare o purê. Com uma faca afiada, faça um corte em forma de cruz na base dos tomates. Regue-os com água fervente e deixe descansar por 30 segundos. Escorra os tomates, descasque-os e pique a polpa em pedaços grandes. Reserve. Esquente o azeite de oliva em uma panela. Cozinhe nela o gengibre, a cebola e o alho em fogo médio, até que fiquem dourados. Adicione os tomates e cozinhe por 20 minutos em fogo baixo. Bata os ingredientes em um liquidificador até obter uma mistura homogênea. Tempere com sal e pimenta. Reserve até a hora de servir ou conserve por até três dias na geladeira.

Prepare os rolinhos primavera. Misture a cebola picada com o queijo de cabra e o azeite de oliva. Coloque essa mistura em um saco de confeiteiro munido de um bico liso. Estenda um pano de prato limpo e úmido sobre a área de trabalho. Mergulhe uma crepe de arroz por vez em uma tigela com água morna, para que amoleça. Deposite-a sobre o pano de prato. Aperte o saco de confeiteiro e deposite na beirada da crepe uma linha do preparo feito com o queijo. Ao longo dessa linha ponha uns doze ou seis (dependendo do tamanho das crepes de arroz) filetes de manga, brotos de soja, brotos de alfafa, pepino e rúcula. Faça uma prega nos dois lados de 1 cm e enrole a crepe, segurando firmemente, formando o rolinho. Prepare as demais crepes da mesma maneira.

Antes de servir, corte os rolinhos em dois (se forem grandes, corte-os em quatro) e regue-os com um fio de molho de soja. Sirva com o purê de tomate à parte.

Esses charmosos aperitivos de origem tailandesa foram levemente recriados para tornarem-se pequenos canapés frescos e estilosos. As folhas de bétel são amplamente utilizadas no sudeste asiático, tanto na culinária quanto na medicina.

Folhas de bétel com coco e castanha de caju

PARA 20 FOLHAS
PREPARO: 20 MINUTOS
COZIMENTO: APROXIMADAMENTE 10 MINUTOS

50 g de coco ralado fresco ou seco torrado

4 cm de gengibre finamente picado

2 pimentas tailandesas finamente picadas

3 colheres de sopa de castanha de caju picada e torrada

1 pitada de sal

175 g de açúcar mascavo

60 ml de nuoc-mâm vegetariano ou molho de soja

2 colheres de sopa de polpa de tamarindo coada ou purê de tamarindo

½ limão pequeno cortado em cubinhos (com a casca)

polpa de 1 pequena toranja (ou grapefruit) picada em pedaços bem pequenos

1 chalota picada finamente

20 folhas de bétel (pimenta da Índia) ou de espinafre

1 punhado de brotos ou de folha de coentro

Em um moedor ou em um pequeno processador, triture ao mesmo tempo o coco, o gengibre, as pimentas, as castanhas de caju e o sal até obter uma massa. Reserve.

Em uma panela, misture o açúcar e 60 ml de água. Aqueça lentamente até dissolver o açúcar. Aumente o fogo e reduza a mistura por alguns minutos até obter uma calda. Acrescente a massa de coco e o nuoc-mâm vegetariano (ou o molho de soja). Cozinhe por três minutos e incorpore o tamarindo. Aqueça tudo e depois retire a panela do fogo e deixe esfriar um pouco.

Misture o limão, a toranja e a chalota. Coloque uma colher de chá dessa mistura no centro das folhas de bétel (a face brilhante das folhas deve ficar virada para cima). Acrescente um pouco do preparo feito com o tamarindo e alguns brotos ou folhas de coentro. Aperte levemente cada folha na base para dar a forma de xícaras pequenas. Utilize, se quiser, um pequeno bastão de madeira.

Skye Gyngell trabalha no Petersham Nurseries Café de Richmond, no sudoeste de Londres, um estabelecimento conhecido por sua decoração magnífica e pela sua culinária estival inventiva. Para preparar o saboroso azeite de manjericão desta receita, pique em um processador de alimentos as folhas de três maços grandes de manjericão, um dente de alho descascado, uma boa pitada de sal e de pimenta-do-reino. Sem parar o motor, acrescente 200 ml de azeite de oliva.

Skye Gyngell

Salada de nectarina e tomate com mussarela de búfala

PARA 4 PESSOAS
PREPARO: 15 MINUTOS

4 nectarinas maduras (no ponto)

12 tomates maduros (no ponto)

algumas gotas de suco de limão

2 colheres de sopa de azeite de oliva

4 bolas de mussarela de búfala

12 folhas de manjericão-púrpura desfiadas ou picadas

2 colheres de sopa de azeite de manjericão (veja a receita acima)

um fio de vinagre balsâmico extra-velho (facultativo)

pão caseiro, para servir

sal marinho, pimenta-do-reino moída na hora

Corte as nectarinas ao meio, respeitando o sentido natural da divisão da fruta. Retire o caroço e corte cada metade em três quartos. Corte os tomates também ao meio. Coloque as nectarinas e os tomates em um recipiente, em seguida espalhe algumas gotas de suco de limão e de azeite de oliva por cima. Tempere ligeiramente com sal e pimenta-do-reino.

Divida as bolas de queijo mussarela em duas partes, com os dedos. Coloque duas metades em cada prato. Prossiga dispondo de maneira estética as nectarinas, os tomates e as folhas de manjericão. Enquanto serve os pratos, regue a comida com o azeite de manjericão e tempere ligeiramente com sal e pimenta. Finalize se quiser colocando uma gota de vinagre balsâmico. Sirva em seguida, de preferência com fatias de pão caseiro de qualidade, regadas com um fio de azeite de oliva.

Os aspargos brancos são cultivados sob o solo, ao abrigo da luz, para que não obtenham coloração. Eles apresentam um sabor suave. Algumas pessoas colocam um pouco de açúcar na água do cozimento para inibir o gosto amargo, mas o cozimento em leite diluído pode ter o mesmo efeito, sem adoçar inutilmente o legume.

Aspargos brancos e molho "beurre blanc"* no champanhe

PARA 4 PESSOAS
PREPARO: 10 MINUTOS
COZIMENTO: 20 MINUTOS

PARA O MOLHO "BEURRE BLANC":

1 chalota finamente picada

4 grãos de pimenta preta

1 ramo de estragão

175 ml de champanhe ou de vinho branco seco

175 g de manteiga gelada cortada em cubos

sal, pimenta-do-reino

PARA OS ASPARGOS:

20 aspargos brancos (aproximadamente 600 g)

200 ml de leite

15 g de manteiga

*"molho beurre-blanc": molho de vinho branco (ou champanhe) chalota e manteiga.

Comece preparando o molho "beurre blanc". Coloque as chalotas, os grãos de pimenta, o estragão e o champanhe (ou o vinho branco) em uma panela. Leve à fervura. Deixe ferver em fogo baixo durante alguns minutos, até que a mistura se reduza em dois terços. Coe sobre uma tigela resistente ao calor.

Corte a extremidade dura dos aspargos com aproximadamente 2 cm. Descasque-os delicadamente (menos as pontas) com um descascador de legumes, tomando cuidado para não quebrar as pontas.

Coloque os aspargos deitados em uma frigideira grande, em uma única camada. Acrescente o leite, a manteiga e 200 ml de água (o suficiente para cobrir os aspargos). Leve à fervura e deixe cozinhar por 10 a 12 minutos, mexendo de vez em quando os aspargos até que eles estejam cozidos. Adeque o tempo de cozimento à espessura dos aspargos. Retire a frigideira do fogo e reserve.

Enquanto isso, finalize o molho "beurre blanc". Coloque a tigela contendo o champanhe reduzido sobre uma panela com água fervendo, tomando cuidado para que a tigela não tenha contato com a água. Com um batedor de claras manual, incorpore um por um os cubos de manteiga até obter um molho liso. Tempere com sal e pimenta-do-reino de acordo com seu gosto. Retire a panela do fogo, mas mantenha a tigela em local aquecido sobre a água até a hora de servir. Mexa de vez em quando. O molho ficará bom em dez minutos, acima desse tempo, ele tende a se separar. Escorra os aspargos, cubra-os com o molho branco e sirva.

Rowley Leigh, proprietário do Café Inglês, em Londres, é um dos fundadores da gastronomia britânica moderna. Ele também escreveu livros de culinária muito apreciados pelo público. Seu cardápio é um testemunho das influências e das técnicas francesas, ao mesmo tempo em que se mantém simples. É desnecessário salientar que este "tian"* precisa de bons tomates maduros no ponto (tomate caqui em cachos ou tomate italiano, por exemplo).

Rowley Leigh
Tian de tomates e berinjelas

PARA 6 A 8 PESSOAS
PREPARO: 30 MINUTOS
COZIMENTO: 35 MINUTOS

- 300 g de massa folhada feita com manteiga
- 750 g de berinjelas cortadas em fatias de 5 mm de espessura
- 180 ml de azeite de oliva
- 750 g de tomates maduros no ponto
- 4 dentes de alho
- 1 maço de salsinha lisa picada
- 3 colheres de sopa de farinha de rosca fresca
- Sal marinho, pimenta-do-reino moída na hora

Retire o ar da massa com um rolo até obter um círculo de 23 cm de diâmetro. Deixe descansar sobre uma assadeira. Besunte generosamente as fatias de berinjela com a metade do azeite de oliva. Cozinhe as fatias em uma frigideira, acrescentando um pouco de azeite de oliva se elas ficarem secas. As berinjelas devem ficar macias e douradas.

Descasque os tomates depois de tê-los fervido durante dez segundos e os resfrie sob água fria. Corte os tomates descascados em fatias (da mesma espessura que as berinjelas).

Aqueça previamente o forno a 190 °C. Pique o alho finamente e misture com uma colher de chá de sal marinho. Misture o alho, a salsinha e a farinha de rosca.

Disponha as fatias de berinjela e de tomate sobre a massa folhada, sobrepondo-as uma às outras em até 1 cm das bordas da forma. Tempere ligeiramente com sal e generosamente com pimenta-do-reino, depois salpique a mistura feita com alho, salsinha e farinha de rosca. Regue com o azeite de oliva restante e deixe no forno por 35 minutos, até que as bordas da massa cresçam e fiquem douradas. Coloque o "tian" sobre um prato grande ou uma travessa grande para servir e deixe esfriar.

* tian é o nome provençal da travessa usada para gratinar legumes. E o nome passou do recipiente para a comida.

Preparar um rolo de massa exige indubitavelmente delicadeza e paciência, mas você se sentirá amplamente recompensado, tanto pelos sabores quanto pelos elogios. Para simplificar a sua vida, você pode preparar a massa e cozinhar a abóbora e os espinafres na véspera. No dia D, você só precisará fazer o rolo, escalfá-lo e preparar a manteiga com sálvia.

Rolo de massa com abóbora, espinafre e manteiga com sálvia

PARA 6 PESSOAS (COMO ENTRADA)
PREPARO: 45 MINUTOS
REFRIGERAÇÃO: 30 MINUTOS
COZIMENTO: 1 HORA

PARA A MASSA:

300 g de farinha de trigo + um pouco para a área de trabalho

2 ovos

2 gemas

PARA O RECHEIO:

1 punhado de folhas pequenas de sálvia

450 g de abóbora descascada picada em cubos de 2 cm

3 colheres de sopa de azeite de oliva

600 g de folhas de espinafre lavadas

75 g de manteiga

250 g de ricota escorrida (sem água)

2 colheres de sopa de queijo parmesão finamente ralado

1 boa pitada de noz-moscada ralada

½ porção de tomates ao forno (página 242)

sal, pimenta-do-reino

Misture os ingredientes da massa em um processador de alimentos até que se forme um "farelo". Despeje esse farelo sobre a área de trabalho. Trabalhe a massa por cinco minutos, até obter uma bola de massa lisa, macia e elástica. Forme essa bola de massa e cubra-a com um filme de PVC para alimentos. Deixe descansar por 30 minutos na geladeira.

Aqueça previamente o forno a 200 °C. Pique as folhas de sálvia, misture-as com os cubos de abóbora e regue com uma colher de sopa de azeite de oliva. Tempere. Espalhe a mistura em uma assadeira e asse por 30 minutos, até que a abóbora esteja macia. Amoleça também o espinafre em 15 g de manteiga em uma panela em fogo médio. Quando não houver mais água na panela, tempere com sal e pimenta, deixe esfriar e pique.

Em uma tigela, misture a ricota e o parmesão. Acrescente a noz-moscada, o sal e a pimenta. Deixe descansar. Retire o ar da massa com o rolo até obter um retângulo de 40 x 30 cm (utilize um pouco de farinha para impedir que a massa grude no plano de trabalho). Uniformize as bordas da massa e coloque o retângulo sobre um pano de prato. Pressione o espinafre para retirar a água e o espalhe sobre a massa. Deixe uma margem (um espaço) ao redor livre. Salpique o espinafre com a mistura de ricota-parmesão e espalhe a abóbora. Role a massa sobre ela mesma, em seguida enrole-a sobre o pano de prato e feche as extremidades (torça) como se fosse uma folha. Faça um nó com dois pedaços de barbante. Mergulhe o rolo em uma panela com água e sal fervendo. Deixe escalfar por 20 minutos. Retire a massa da panela e deixe a água escorrer. Corte os barbantes.

Aqueça o azeite de oliva que sobrou em uma panela. Refogue nela as folhas de sálvia. Derreta o resto da manteiga. Desembale o rolo e em seguida corte-o em 12 fatias. Espalhe alguns tomates assados por cima e regue com a manteiga derretida. Decore com algumas folhas de sálvia crocantes.

Francesco Mazzei tem muito orgulho de suas raízes calabresas, que podem ser percebidas por meio de seus pratos, ao mesmo tempo rústicos e refinados. O cardápio do L'Anima, seu restaurante em Londres, faz as vezes de porta-voz da culinária moura e da culinária do sul da Itália utilizando, na medida do possível, produtos locais e da estação. A borragem cresce de maneira selvagem no Mediterrâneo: seu sabor adocicado, que lembra um pouco o pepino, é perfeito para rechear massas.

Francesco Mazzei
Tortelli recheado com borragem e manteiga com sálvia

PARA 6 PESSOAS
PREPARO: 1 HORA E 10 MINUTOS
COZIMENTO: 15 MINUTOS

PARA A MASSA:
1 porção de massa (página 250)

PARA O RECHEIO:
2 chalotas finamente picadas
60 g de manteiga
700 g de folhas novas de borragem
noz-moscada recém-ralada
200 g de ricota de qualidade escorrida (sem água)
50 g de queijo parmesão finamente ralado + um pouco para servir
2 colheres de chá de manjerona picada
sal, pimenta-do-reino

PARA A MANTEIGA DE SÁLVIA:
100 g de manteiga
20 folhas pequenas de sálvia

Prepare a massa, em seguida a deixe descansar como indicado na página 250. Você a abrirá quando tiver terminado de preparar o recheio.

Amoleça as chalotas em fogo baixo com a metade da manteiga, até que elas fiquem macias sem ficarem douradas. Escalde as folhas de borragem colocando-as durante aproximadamente um minuto em água fervendo com sal. Escorra as folhas e as refresque sob água fria, em seguida pique-as finamente. Acrescente as chalotas e uma boa pitada de noz-moscada. Cozinhe por alguns minutos e deixe esfriar.

Acrescente a ricota, o queijo parmesão, a manjerona, o sal e a pimenta ao preparo feito com a borragem. Derreta o restante da manteiga e adicione à mistura anterior. Deixe descansar e esfriar enquanto você abre a massa (como o indicado na página 250). Recorte a massa em quadrados de 8 cm². Coloque sobre cada quadrado de massa, não exatamente no centro, uma colher de chá de recheio. Besunte em volta (a borda da massa) com água. Dobre a massa expulsando o ar, formando um triângulo. Posicione o triângulo na sua frente, com a ponta direcionada para cima. Junte os dois ângulos inferiores ao redor do seu dedo indicador e aperte para soldar a massa, utilizando um pouco de água, se for necessário. Deposite as tortellis sobre uma folha de papel manteiga para que sequem levemente. Quando todas estiverem prontas, mergulhe-as em uma panela grande com água e sal fervendo e cozinhe por 4 minutos, até que elas subam à superfície. Retire-as delicadamente com uma escumadeira.

Aqueça a manteiga e a sálvia em uma frigideira até que a manteiga forme uma espuma e comece a dourar, e que as folhas de sálvia crepitem. A manteiga deve exalar um cheiro de avelã. As folhas de sálvia devem ficar crocantes. Sirva as tortelli escorridas em pratos preaquecidos, salpicados de manteiga com sálvia e com um pouco de queijo parmesão ralado.

Assim que você vir cogumelos girolles, compre-os, pois são uma delícia. Aqui, eles são refogados na manteiga com cerejas e vinho. Em seguida, eles são colocados sobre um purê de trufas, e então são espalhadas algumas pérolas de trufas por cima. As pérolas de trufa são a versão vegetariana do caviar. Elas são feitas à base de trufa negra e de alga.

Girolles refogados com cerejas

PARA 4 PESSOAS (COMO PRATO PRINCIPAL)
PREPARO: 25 MINUTOS
COZIMENTO: 20 A 25 MINUTOS

PARA O PURÊ DE BATATAS:

900 g de batatas farinhentas cortadas em pedaços grandes

50 g de manteiga de trufa ou 50 g de manteiga e 2 colheres de chá de azeite de trufa

100 ml de creme de leite fresco

sal, pimenta-do-reino

PARA OS COGUMELOS GIROLLES:

30 g de manteiga

1 colher de sopa de azeite de oliva

2 dentes de alho amassados

600 g de cogumelos girolles ou chanterelles escovados

1 copo pequeno de vinho madeira ou xerez seco

100 g de cerejas secas

1 copo pequeno de caldo de legumes, de preferência feito em casa (página 236)

1 colher de sopa de salsinha lisa picada

4 colheres de chá de pérolas de trufa, para servir (facultativo)

sal, pimenta-do-reino

Comece preparando o purê. Cozinhe as batatas no vapor durante 20 a 25 minutos. Elas devem ficar bem tenras, sem partir em pedaços. Escorra as batatas e coloque-as em uma panela. Seque o restante da água por alguns minutos em fogo baixo, mexendo (agitando) a panela.

Amasse as batatas em um processador de legumes, se você possuir um – você irá obter um purê bem fino –, ou amasse-as com um espremedor de batatas até obter uma mistura fina. Incorpore a manteiga de trufas (ou a manteiga e o azeite de trufa), bem como o creme de leite. Tempere generosamente com sal e pimenta-do-reino e mantenha o purê em local aquecido.

Enquanto as batatas cozinham, prepare os cogumelos. Derreta a manteiga e o azeite em uma frigideira grande em fogo médio. Adicione o alho, mexa e depois acrescente os cogumelos. Doure os cogumelos por dois minutos, agitando de vez em quando a frigideira. Deposite os cogumelos em um prato, com uma escumadeira. Despeje o vinho madeira (ou o xerez) em uma frigideira e o reduza por um minuto. Acrescente as cerejas, o caldo de legumes e ferva por mais cinco minutos. Coloque novamente os cogumelos na frigideira. Acrescente a salsinha, tempere com sal e pimenta-do-reino de acordo com seu gosto.

Sirva o purê de batatas coberto com cogumelos. Decore com algumas pérolas de trufa (facultativo).

Tom Pemberton, que em outros tempos foi chef de cozinha do St John em Londres, abriu o seu próprio restaurante, o Hereford Road, em Notting Hill, em 2007. É um fervoroso defensor dos produtos britânicos, principalmente do queijo de cabra local, o chilwickbury, com sabor fresco e suave. O alho selvagem e os cogumelos morilles – produtos primaveris – podem ser substituídos no outono por brotos de espinafre e cogumelos chanterelles.

Tom Pemberton
Cevadinha francesa, cogumelos e abóbora

PARA 4 A 6 PESSOAS
PREPARO: 25 MINUTOS
COZIMENTO: 1 HORA

- 20 g de cogumelos selvagens secos
- 8 cogumelos Paris grandes
- 1 abóbora pequena cortada ao meio sem sementes e fatiada
- 3 colheres de sopa de azeite de oliva
- 3 ramos de alecrim
- 3 ramos de tomilho
- 2 chalotas finamente picadas
- 15 g de manteiga
- 200 g de cevadinha francesa
- 2 ramos de estragão picados
- 2 folhas de louro
- 40 g de manteiga derretida
- 1 dente de alho amassado
- 1 punhado pequeno de cogumelos morilles frescos
- 1 punhado de folhas de alho selvagem
- um fio de suco de limão
- 200 g de queijo de cabra fresco
- sal, pimenta-do-reino

Deixe os cogumelos secos de molho em 200 ml de água recém-fervida durante dez minutos. Somente esta água utilizada na maceração (molho) será utilizada na receita.

Aqueça previamente o forno a 200 °C. Coloque os cogumelos Paris e as fatias de abóbora em duas assadeiras diferentes, regue com azeite de oliva, tempere com sal e pimenta, espalhe o alecrim e o tomilho por cima. Asse os cogumelos por 20 minutos e a abóbora por 35 minutos.

Refogue as chalotas na manteiga até que fiquem tenras. Acrescente a cevadinha francesa depois de tê-las enxaguado. Acrescente também o estragão, o louro e a água da maceração dos cogumelos. Acrescente água na panela até 2 cm acima da cevadinha francesa. Deixe ferver por 25 minutos, até que a cevadinha francesa fique tenra.

Misture a manteiga e o alho. Na hora de servir, doure os cogumelos morilles com a metade da manteiga e do alho. Reserve. Corte os cogumelos assados em fatias e adicione-os à cevadinha francesa com a abóbora e o caldo dos legumes assados (se houver). Aqueça tudo em fogo baixo, acrescente o alho selvagem, o resto da manteiga ao alho e um fio de suco de limão. Mexa até que as folhas comecem a amolecer. Fora do fogo, acrescente metade do queijo de cabra e os cogumelos morilles. Polvilhe o resto do queijo sobre tudo e sirva.

Uma receita original, que pode ser servida como entrada, como prato principal, no lugar dos queijos ou até mesmo como sobremesa. Como entrada ou prato principal, uma pequena salada de rúcula é bem-vinda para acompanhar. No lugar dos queijos ou como sobremesa, sirva esta torta "Tatin" sozinha com apenas um pouco de creme de leite fresco. Você pode substituir as peras e o queijo parmesão por figos e queijo de cabra seco.

Torta invertida tipo "Tatin" de pera e queijo parmesão e massa com tomilho

PARA 6 A 8 PESSOAS
PREPARO: 20 MINUTOS
REFRIGERAÇÃO: 20 MINUTOS
COZIMENTO: 40 MINUTOS

- 75 g de açúcar mascavo
- 50 g de manteiga
- 3 colheres de sopa de vinagre balsâmico
- 2 colheres de sopa de nozes picadas
- 1 colher de sopa de folhas de tomilho
- 6 peras maduras, no ponto, mas firmes, cortadas em quatro sem as sementes

PARA A MASSA
- 100 g de manteiga
- 200 g de farinha de trigo + um pouco para a área de trabalho
- 1 pitada de sal
- 100 g de queijo parmesão finamente ralado
- 1 ovo batido
- 1 colher de sopa de folhas de tomilho

Comece preparando a massa. Ponha a manteiga e a farinha de trigo em uma batedeira e bata até obter um farelo fino. Acrescente o sal, o queijo parmesão e continue batendo por alguns segundos. Acrescente o ovo, o tomilho e depois trabalhe a massa manualmente até obter uma bola. Amasse a massa rapidamente e forme um círculo (um disco) que você deverá envolver com filme de PVC para alimentos. Deixe por pelo menos 20 minutos na geladeira.

Aqueça previamente o forno a 180 ºC. Sobre o fogo, em uma forma de 25 cm de diâmetro ou em uma frigideira resistente ao forno, aqueça o açúcar até que ele se dilua, inclinando regularmente a forma para que o açúcar derreta uniformemente. Aumente levemente o fogo e adicione a manteiga e o vinagre. Ferva essa mistura por um minuto aproximadamente. Fora do fogo, espalhe as nozes picadas e o tomilho. Disponha as peras na forma com o lado descascado virado para baixo, em círculos concêntricos.

Sobre uma área de trabalho enfarinhada, retire o ar da massa com um rolo até obter um disco 2 cm maior que a forma. Utilize o rolo para lhe ajudar a desprender o círculo da área de trabalho e coloque-o sobre as peras. Puxe a massa para os lados e um pouco para dentro, para cobrir o recheio. Asse por 30 minutos no forno, até que a massa fique dourada e o caramelo borbulhe ao redor da forma. Deixe descansar por dez minutos e coloque um prato sobre a forma. Segure firmemente o prato e a forma e vire tudo de uma vez. Retire a forma. Redistribua algumas peras, se necessário.

Aqui temos uma guloseima absolutamente irresistível, cheia de ar assim que é retirada do forno e que vai murchando aos poucos. O centro é denso e macio, enquanto as bordas são crocantes. A espiral de caramelo com sal torna essa torta superior a todas as outras tortas de chocolate. Prepare com várias horas de antecedência. Sirva fria, mas não gelada.

Torta de chocolate amargo e caramelo salgado

PARA 12 PESSOAS
PREPARO: 30 MINUTOS
COZIMENTO: 40 MINUTOS

PARA O CARAMELO COM SAL:

175 g de açúcar mascavo

120 ml de creme de leite fresco

½ colher de chá de flocos de sal marinho

120 g de manteiga em cubos

PARA A MASSA:

250 g de chocolate amargo (com pelo menos de 70% de cacau) quebrado em pedaços

160 g de manteiga em cubos

175 g de açúcar mascavo

1 colher de chá de essência de baunilha

120 g de amêndoas em pó

5 gemas de ovo

6 claras de ovo

Forre uma forma de fundo removível com papel manteiga. Prepare o caramelo: despeje o açúcar em uma panela de fundo espesso com três colheres de sopa de água. Aqueça em fogo baixo, mexendo até que o açúcar tenha se dissolvido. Aumente o fogo (médio-alto) e leve à ebulição, sem mexer. Deixe ferver por alguns instantes. Não deixe de vigiar a preparação, até que o caramelo adquira um belo tom de âmbar. Incline a panela para evitar a formação de grãos, mas não mexa nunca no caramelo, senão o açúcar poderá cristalizar. Fora do fogo, incorpore o creme de leite e o sal – a mistura seguramente vai crepitar. Misture os cubos de manteiga para obter um caramelo liso e deixe esfriar.

Aqueça previamente o forno a 180 ºC. Prepare a torta começando por derreter o chocolate com a manteiga e o açúcar em banho-maria (você também pode aquecer a mistura em fogo muito baixo, mas nesse caso deverá vigiar muito bem para que não queime). Retire a panela do fogo e mexa até obter uma mistura lisa. Acrescente a baunilha e as amêndoas e em seguida as gemas de ovos, uma por uma.

Bata as claras em neve até ficarem bem firmes, em um recipiente limpo. Com uma colher de metal, incorpore uma colher de clara em neve ao preparo de chocolate para fluidificar esta última. Misture delicadamente o restante das claras em neve, fazendo entrar o máximo de ar possível. Coloque a massa em uma forma. Uniformize a superfície. Despeje o caramelo desenhando uma grande espiral a partir do centro. Com uma faca pontuda, faça o caramelo entrar levemente na massa, mas sem misturar muito. Leve ao forno por 30 minutos: o bolo deve ter crescido, mas ficar macio no centro. Deixe a torta esfriar na forma antes de cortar os pedaços. Sirva esta sobremesa com creme de leite fresco ou com sorvete.

Uma sobremesa rica, portanto calórica, deve ser deliciosa, senão o jogo não vale a pena! Com esta torta divina, não há nenhum risco de nos decepcionarmos.

Torta de amêndoas e compota de frutas vermelhas

PARA 10 A 12 PESSOAS
PREPARO: 40 MINUTOS
REFRIGERAÇÃO: 1 HORA
COZIMENTO: 1 HORA E 20 MINUTOS

PARA A MASSA:

225 g de farinha de trigo + um pouco para a área de trabalho

125 g de manteiga em cubos

½ colher de chá de sal

60 g de açúcar de confeiteiro

1 gema de ovo

2 a 4 colheres de chá de água gelada

PARA O PREPARO DAS AMÊNDOAS:

250 g de amêndoas descascadas

2 colheres de chá de farinha de trigo

250 g de manteiga

275 g de açúcar mascavo

1 fava de baunilha dividida

4 ovos

300 g de frutas vermelhas da estação (mirtilos, framboesas, amoras, groselhas, cassis)

PARA A COMPOTA:

300 g de frutas vermelhas da estação (as mesmas acima citadas)

3 colheres de sopa de açúcar mascavo

1 colher de sopa de vinagre balsâmico

creme de leite fresco gelado para servir

Aqueça previamente o forno a 170 ºC. Prepare a massa trabalhando a farinha de trigo, a manteiga, o sal e o açúcar em uma batedeira, até obter um "farelo" fino. Acrescente a gema de ovo e as duas colheres de chá de água gelada. Trabalhe essa mistura durante o tempo necessário para que se forme uma bola. Acrescente, se necessário, uma ou duas colheres de chá de água, mas não mais que isso, senão a massa ficará grudenta. Trabalhe rapidamente a massa, até obter uma consistência lisa, e então forme uma bola que você deverá cobrir com filme de PVC para alimentos. Coloque por pelo menos 30 minutos na geladeira. Abra a massa com um rolo sobre uma área de trabalho ligeiramente enfarinhada até obter um círculo suficientemente grande para preencher uma forma com bordas altas de 25 cm de diâmetro (escolha uma com fundo removível). Não unte a forma. Pressione a massa na forma e corte o que ultrapassar o limite com uma faca afiada. Deixe por pelo menos mais 30 minutos na geladeira.

Enquanto isso, moa finamente as amêndoas com a farinha de trigo em um processador. A farinha de trigo deve impedir que a mistura se torne oleosa. Despeje o conteúdo do processador em um recipiente. Coloque a manteiga, 250 g de açúcar e as sementes de baunilha em um processador. Bata tudo até obter uma mistura leve. Sem desligar o aparelho, adicione um ovo de cada vez, até chegar a uma mistura homogênea. Despeje essa mistura em um recipiente contendo as amêndoas e a farinha de trigo e mexa cuidadosamente. Distribua as frutas vermelhas sobre a massa em uma forma, depois cubra com o preparo de amêndoas. Alise a superfície. Polvilhe o resto do açúcar sobre a massa, uniformemente. Asse por aproximadamente 1 hora e 20 minutos, até que o bolo tenha crescido e dourado.

Enquanto o bolo assa, prepare a compota. Cozinhe as frutas vermelhas em fogo baixo, com as favas da baunilha sem as sementes, o açúcar e o vinagre balsâmico, até que as frutas comecem a liberar o seu suco. Retire a panela do fogo. Sirva a torta fria com a compota de frutas vermelhas e o creme de leite fresco.

Geralmente é mais apropriado fazer pequenas quantidades de geleias realmente originais do que inumeráveis potes de geleias comuns, que saturam o fundo das prateleiras durante meses... Aqui temos a receita de uma geleia de figo roxo absolutamente especial, que combina perfeitamente com queijo, sobre crackers ou pode acompanhar tortinhas de queijo recém-saídas do forno.

Geleia de figo roxo para o queijo e para os canapés

PARA 2 POTES
PREPARO: 5 MINUTOS
MACERAÇÃO: 4 HORAS
COZIMENTO: 45 MINUTOS

800 g de figos roxos maduros no ponto e cortados ao meio

½ colher de chá de sementes de erva-doce

300 g de açúcar mascavo

suco de 1 limão

Em um recipiente, misture os figos com as sementes de erva-doce e o açúcar. Cubra e deixe macerar por quatro horas ou coloque na geladeira até o dia seguinte.

Despeje a mistura acima em uma panela grande e aqueça em fogo baixo. Quando começar a ferver, retire os figos com uma escumadeira e reserve. Aumente o fogo e deixe a calda borbulhar ligeiramente, até formar bolhas, próximo à temperatura de 120 °C. Se você não possuir um termômetro, retire uma pequena quantidade de caramelo com uma colher pequena e a mergulhe em uma xícara de água fria: se formar uma bola rígida, está pronto.

Coloque novamente os figos na calda e deixe cozinhar ainda por uns 25 minutos, até que fique espessa. Mexa de vez em quando para quebrantar (partir) as frutas. Acrescente o suco de limão.

Despeje a geleia em potes esterilizados e conserve-os em lugar fresco, ao abrigo da luz.

Indispensáveis

Capítulo 9

As deliciosas manteigas aromatizadas aqui apresentadas são mais sugestões do que receitas rígidas, e todas as variações são possíveis. Faça experiências, tente combinar aromas, mas comece pelas receitas abaixo. Utilize manteigas aromatizadas para envolver os legumes cozidos no vapor, as massas etc. Você pode até mesmo congelar as manteigas para sempre ter uma de reserva

Manteigas aromatizadas

PARA 250 G (POR AROMA)
PREPARO: 15 MINUTOS
REFRIGERAÇÃO: 1 HORA

Aromas diversos (veja sugestões)
1 colher de chá de sal marinho
250 g de manteiga amolecida

Incorpore o aroma da sua escolha, assim como o sal na manteiga amolecida. Coloque a manteiga sobre uma folha de papel manteiga e molde-a de maneira a obter um formato de rocambole. Enrole as extremidades do papel como se fosse um papelote. Coloque por pelo menos uma hora na geladeira para que endureça. Corte as fatias aos poucos, conforme a sua necessidade. Uma manteiga aromatizada se conserva por pelo menos quatro semanas na geladeira. Se você decidir congelar o cilindro de manteiga, corte-o primeiramente em fatias. Você pode conservá-lo por até três meses no congelador e retirar as fatias quando for utilizá-las.

Manteiga com limão verde e pimenta

Raspas de dois limões verdes finamente ralados + duas pimentas vermelhas sem sementes e picadas finamente.

Manteiga com queijo tipo bleu* e pimenta-do-reino

75 g de queijo roquefort finamente picado + 1 colher de chá de folhas de tomilho + 2 colheres de chá de pimenta-do-reino moída.

* Queijos de veios azuis, feitos com leite de vaca.

Manteiga com alho e ervas finas

Dois dentes de alho grandes picados + três colheres de sopa de folhas de manjericão ou de cebola verde picadas + duas colheres de sopa de pinolis torrados e picados.

Manteiga com salsinha

Três colheres de sopa de salsinha picada + meio dente de alho amassado + meia colher de chá de pimenta-do-reino moída.

Maionese

2 gemas de ovo
1 colher de chá de mostarda de Dijon
275 ml de azeite de oliva suave
um generoso fio de suco de limão
sal, pimenta-do-reino

Bata as gemas de ovos e a mostarda. Tempere com sal e pimenta. Sem parar de bater, despeje o azeite de oliva, primeiramente gota a gota, em seguida por um fio bem fino. Mais ou menos na metade do azeite, despeje o suco de limão. Continue despejando o azeite, sempre em um fio regular e bata até obter uma mistura espessa e brilhante. Experimente e se quiser acrescente um pouco de sal, pimenta-do-reino ou de suco de limão. Para uma maionese aromatizada, acrescente 2 colheres de sopa de ervas finas frescas. Para fazer um aïoli*, acrescente dois ou três dentes de alho amassados ao mesmo tempo em que coloca as gemas de ovos. Para um aïoli de pimentão, acrescente dois pimentões vermelhos assados (em pote, é perfeito) reduzidos em purê na maionese finalizada.

*Espécie de molho feito com alho, ovos e azeite de oliva.

Gomásio

3 colheres de sopa de sal marinho
400 g de sementes de gergelim

Torre o sal marinho em uma frigideira (sem gordura) mexendo frequentemente, até que ele fique cinza. Despeje o sal em um pilão, um moinho de temperos ou em um processador de alimentos. Torre as sementes de gergelim na mesma frigideira, até ficarem tostadas. Moa o sal e as sementes com a ajuda de um pilão, moinho ou um processador de alimentos. Deve-se amassar as sementes, mas não demais, senão a mistura se tornará oleosa. Despeje o gomásio em um pote grande com uma tampa e o consuma em dois meses.

Vinagre Balsâmico

2 colheres de sopa de vinagre balsâmico
1 pitada de açúcar refinado
4 colheres de sopa de azeite de oliva
1 colher de chá de mostarda de Dijon
1 colher de sopa de manjericão picado

Aqui temos um molho vinagrete que combina perfeitamente o tomate e com legumes mediterrâneos assados. Para variar, você pode acrescentar um pouco de alho. Coloque todos os ingredientes em um pequeno processador de alimentos com uma colher de sopa de água e bata até obter uma mistura homogênea.

Caldo de legumes

1 colher de sopa de óleo de girassol
2 cebolas grandes picadas
2 cenouras grandes picadas
10 ramos de salsão picados
6 dentes de alho amassados
4 partes laterais de acelga picadas
60 g de lentilhas escuras
3 folhas de louro
1 maço pequeno de salsinha
1 colher de chá de pimenta-do-reino em grão
1 colher de chá de sal marinho

Aqueça o óleo em uma panela. Refogue as cebolas e as cenouras em fogo baixo, mexendo durante 20 minutos. Os legumes devem ficar dourados e caramelizados. Acrescente os demais ingredientes e dois litros de água. Leve à fervura e deixe fervilhar aos poucos durante uma hora. Coe a mistura e descarte os legumes. Leve novamente o caldo ao fogo e reduza-o, até obter a concentração desejada (1,5 litro de caldo).

Molho de raiz-forte

2 colheres de sopa de creme de leite fresco
4 colheres de sopa de óleo de noz
1 colher de sopa de raiz-forte ralada finamente
(ou de acordo com o seu gosto)
suco de 1 limão
1 pitada de açúcar refinado
sal, pimenta-do-reino

Aqui temos um molho reservado aos legumes que apresentam um gosto forte, pois é necessária uma certa habilidade para resistir à raiz forte! Bata todos os ingredientes junto com duas colheres de sopa de água fria, para fluidificar a mistura. Tempere com sal e pimenta de acordo com o seu gosto.

Molho verde

1 maço pequeno de salsinha picada
½ maço pequeno de menta picada
75 ml de azeite de oliva + um fio se necessário
1 dente de alho grande amassado
2 colheres de sopa de alcaparras lavadas, escorridas e picadas
1,5 colher de sopa de mostarda de Dijon
2 colheres de sopa de vinagre de vinho tinto
sal, pimenta-do-reino

Em uma tigela pequena, cubra a salsinha e a menta com o azeite de oliva (comece com 75 ml de azeite). Acrescente os demais ingredientes. Tempere com sal e pimenta de acordo com o seu gosto. O molho deve ficar relativamente fluido: acrescente um pouco de azeite se necessário.

Pesto

1 dente de alho grande picado grosseiramente
1 pitada de sal marinho
1 punhado generoso de folhas de manjericão
60 g de pinoli
70 g de queijo parmesão finamente ralado
100 ml de azeite de oliva

Em um processador de alimentos, misture o alho com o sal, o manjericão e os pinolis, raspando de vez em quando os cantos. Acrescente o queijo parmesão e despeje o azeite gota a gota. Misture bem. Para uma versão com salsinha, com rúcula ou com agrião, substitua o manjericão pelo ingrediente de sua escolha e os pinolis por amêndoas descascadas e picadas grosseiramente.
Para fazer um pesto vermelho, acrescente cinco tomates secos marinados em azeite, escorridos e picados, no início do processo.
Para um pesto vegan, não utilize queijo parmesão e aumente a quantidade de pinolis ou de amêndoas para três colheres de sopa.

Molho de limão

½ dente de alho amassado
1 colher de sopa de mel suave
1 colher de chá de mostarda à moda antiga
suco e raspas finas de 1 limão
90 ml de azeite de oliva
sal, pimenta-do-reino

Temos aqui um molho ideal para legumes como a endívia, o radicchio ou o agrião. Para legumes mais suaves, substitua se quiser o mel por duas colheres de sopa de queijo parmesão finamente ralado, para dinamizar o molho e também reequilibrar os sabores. Coloque todos os ingredientes em um pote com tampa. Tempere com sal e pimenta-do-reino, sacuda o pote energicamente até obter um molho homogêneo.

Molhos

2
Molho tapenade* de figo

Coloque 100 g de figos secos picados e 100 ml de água em uma panela. Deixe ferver por 15 minutos, mexendo sempre, até que os figos fiquem amolecidos. Retire a panela do fogo e deixe esfriar. Em um processador de alimentos, bata ½ dente de alho com 150 g de azeitonas pretas sem caroço, duas colheres de sopa de alcaparras lavadas e escorridas, os figos e a água na qual eles estavam de molho, pimenta-do-reino moída na hora e duas colheres de sopa de folhas de tomilho. Fluidifique a tapenade com azeite de oliva.

* É uma pasta típica do sul da França à base de alcaparras (a palavra tapenade é derivada de tapeno, alcaparra no dialeto provençal).

1
Molho holandês

Derreta 120 g de manteiga em uma panela pequena. Bata duas gemas de ovos em um liquidificador ou batedor pequeno com duas colheres de sopa de água fervente. Acrescente uma pitada de sal e um pouco de pimenta-do-reino. Sem desligar o aparelho, despeje a manteiga quente gota a gota, até que a mistura fique espessa. Incorpore duas colheres de sopa de suco de limão. Antes de servir, experimente e adeque o tempero.

Molho de gorgonzola

Amoleça duas chalotas finamente picadas em um pouco de manteiga. Quando elas estiverem transparentes, acrescente 150 g de gorgonzola em pedaços (ou de roquefort), em seguida, misture delicadamente até que o queijo esteja derretido. Acrescente 100 ml de creme de leite fresco e misture cuidadosamente. Acrescente a pimenta-do-reino e, se quiser, coloque um pouco de salsinha picada ao final do processo. Este molho fica uma delícia com pasta (macarrão).

4 Tarator de nozes

Este molho turco se parece com um pesto com nozes. Saboreie-o com legumes assados ou grelhados, ou com pão sírio. Em um processador de alimentos, bata 200 g de nozes sem casca com um dente de alho grande amassado e uma boa pitada de sal. Quando as nozes estiverem finamente moídas, incorpore progressivamente duas colheres de sopa de vinagre de vinho tinto, 100 ml de água e 60 ml de azeite de oliva. Continue batendo a mistura até obter um molho cremoso, mas não totalmente liso.

6 Molho de tomate

Descasque e corte ao meio uma cebola pequena. Amasse ligeiramente um dente de alho descascado. Coloque a cebola e o alho em uma panela com duas latas (800 g) de tomates de qualidade e 75 g de manteiga (ou 75 ml de azeite de oliva se você preferir). Ponha a panela sobre fogo bem baixo e deixe cozinhar de 40 a 50 minutos, mexendo de vez em quando. Tempere com sal e pimenta. Antes de utilizar o molho, retire a cebola (o alho deve ter se desmanchado).

5 Béchamel

Despeje um litro de leite integral em uma panela com uma cebola pequena descascada cortada ao meio, 10 grãos de pimenta-do-reino e duas folhas de louro. Leve à ebulição, retire do fogo e deixe como se fosse uma infusão por aproximadamente 20 minutos. Coe. Derreta 60 g de manteiga em outra panela. Acrescente 60 g de farinha de trigo e bata até obter uma massa lisa. Cozinhe por aproximadamente um minuto em fogo baixo, mexendo sempre, e em seguida despeje o leite que estava em infusão, progressivamente. Utilize um batedor de claras para evitar a formação de grumos. Quando todo o leite tiver sido incorporado, leve o molho para ferver por dois minutos em fogo baixo. Tempere com sal e acrescente uma boa pitada de noz moscada ralada. Cubra para evitar que uma pele se forme e deixe esfriar.

Geleia de tomate com pimenta

10 pimentas vermelhas suaves sem sementes
2 chalotas picadas grosseiramente
4 cm de gengibre picado grosseiramente
2 folhas de erva cidreira (cana-limão) picadas grosseiramente
200 g de tomates cereja cortados ao meio
75 g de açúcar mascavo
4 colheres de sopa de vinagre de arroz
2 colheres de sopa de molho de soja
sal

Coloque as pimentas em um processador de alimentos com as chalotas, o gengibre e a citronela. Triture bem, raspando regularmente as paredes do processador. Despeje o conteúdo do processador em uma panela com os tomates e o açúcar e em seguida cozinhe por aproximadamente 20 minutos em fogo médio-alto. Mexa frequentemente até que a parte líquida evapore e que o açúcar tenha caramelizado. Acrescente o vinagre e o molho de soja. Siga cozinhando até a evaporação do líquido. Tempere com sal de acordo com seu gosto. Despeje a geleia em um pote esterilizado, feche-o e o conserve por até quatro semanas na geladeira

Molho rústico com tomates assados

300 g de tomates ao forno (veja a receita abaixo)
500 g de purê de tomate
1 punhado pequeno de folhas de manjericão
2 colheres de sopa de azeite de oliva

Molho rico e forte, que pode ser feito quase instantaneamente se você já tiver tomates assados. Pique todos os ingredientes com a ajuda de um processador ou liquidificador até obter um molho quase liso. Para variar o gosto, acrescente pimenta vermelha picada ou alho amassado no processador.

Tomates ao forno

1 kg de tomates bem maduros cortados ao meio
2 colheres de sopa de açúcar refinado
2 colheres de sopa de folhas de alecrim fresco picado
3 dentes de alho picados finamente
azeite de oliva
sal, pimenta-do-reino

Aqueça previamente o forno a 110 °C. Distribua os tomates em duas assadeiras com o lado cortado virado para cima. Polvilhe com sal, pimenta-do-reino, açúcar, alecrim e alho. Regue com um fio de azeite de oliva. Coloque no forno por aproximadamente quatro horas, até que eles tenham diminuído de tamanho e que tenham escurecido um pouco pelas bordas. Se os tomates forem muito grandes, você pode cozinhá-los até seis horas. Por outro lado, se você utilizar tomates cereja, reduza o tempo de cozimento para três horas.

Compota de pimentões

3 pimentões vermelhos
3 pimentas vermelhas longas
1 cebola roxa cortada picada
2 colheres de sopa de azeite de oliva
1 dente de alho amassado
1 colher de sopa de açúcar mascavo
3 colheres de sopa de vinagre de Jerez
1 pitada de páprica doce defumada

Escureça os pimentões e as pimentas em uma grelha bem quente e vire-os a cada minuto, até que tenham escurecido por inteiro. Coloque-os em um recipiente, cubra com filme plástico de PVC para alimentos e deixe descansar por alguns minutos. Retire a pele dos pimentões e das pimentas, corte-os ao meio e retire as sementes. Pique-os. Amoleça a cebola no azeite, depois reduza o fogo e acrescente o alho, os pimentões e as pimentas. Cozinhe por mais cinco minutos, acrescente o açúcar, o vinagre, a páprica e em seguida caramelize a mistura. Despeje a compota em uma tigela ou pote esterilizado e conserve em local fresco.

Molho satay

1 dente de alho picado
2 chalotas picadas grosseiramente
1 ou 2 pimentas vermelhas picadas grosseiramente
1 colher de sopa de óleo de amendoim
2 colheres de chá de açúcar refinado
150 g de amendoim torrados e picados grosseiramente
1 colher de sopa de molho de soja
400 ml de leite de coco
suco de 1 limão verde

Cozinhe o alho, as chalotas e as pimentas no azeite. Os legumes devem ficar amolecidos, sem adquirir uma coloração dourada. Acrescente o açúcar e os amendoins. Siga cozinhando por dois minutos, até que os amendoins fiquem caramelizados. Despeje o molho de soja e o leite de coco, e deixe cozinhar por cinco minutos. Se você quiser que o molho fique liso, bata-o rapidamente em um processador de alimentos. Acrescente o suco de limão e um pouco de molho de soja, se achar necessário. O molho satay se conserva por pelo menos duas semanas na geladeira.

Chermoula

1 maço pequeno de coentro
1 maço pequeno de salsinha
1 colher de sopa de sementes de cominho torradas
suco e raspas finas de 1 limão
75 ml de azeite de oliva
½ colheres de chá de sal
1 dente de alho amassado
½ colher de chá de páprica
1 colher de chá de ras el hanout (mistura marroquina que leva pimenta-do-reino, coentro, cominho, cravo, cardamomo, cúrcuma, gengibre, sal, canela, pimenta-malagueta e flores secas).
Pimenta-do-reino

Coloque todos os ingredientes em um processador de alimentos e triture finamente. Se o molho ficar muito espesso, acrescente um pouco de azeite de oliva. Coloque pimenta-do-reino. A chermoula se conserva por até duas semanas em local fresco, em um pote fechado. Retire aos poucos, conforme a sua necessidade.

Molho de gengibre e limão verde

60 ml de água fervente
1,5 colher de sopa de açúcar refinado
2 colheres de sopa de nuoc-man* vegetariano ou de molho de soja
2 colheres de sopa de vinagre de arroz
suco de ½ limão verde
4 cm de gengibre picado finamente
1 dente de alho grande picado finamente
1 pimenta vermelha sem sementes e picada finamente (facultativo)

*molho vietnamita

Despeje a água fervente sobre o açúcar e misture até que ele se dilua. Acrescente os demais ingredientes com ou sem a pimenta e em seguida misture cuidadosamente. Deixe descansar alguns minutos antes de utilizá-lo.

Frutas ao vinagre para queijos ou saladas

500 ml de vinagre de vinho tinto
2 colheres de sopa de açúcar refinado
1 colher de sopa de sal marinho
1 colher de sopa de pimenta-do-reino em grão
3 ramos de alecrim
500 g de frutas frescas sem caroço, cortadas ao meio ou em fatias (dependendo da fruta)

Coloque todos os ingredientes menos as frutas em uma panela. Despeje 150 ml de água e leve à fervura. Acrescente as frutas. Distribua em três potes esterilizados. Feche os potes. Deixe marinar por pelo menos duas semanas (se possível, deixe um mês) em um local fresco e escuro. Retire as frutas aos poucos, conforme a sua necessidade, com uma colher com furos ou uma pequena escumadeira. A marinada pode ser coada e em seguida utilizada para fazer um molho vinagrete. Uma vez que o pote tenha sido aberto, as frutas podem ser conservadas por pelo menos quatro semanas na geladeira.

Indispensáveis

Sugestões de cardápios

Jantar de inverno

Salada de radicchio com laranjas, mussarela, e croutons assados (página 82)

Risoto de pastinaca com sálvia e mascarpone (página 172)

Torta de amêndoas e compota de frutas vermelhas (página 228)

Queijo, biscoitos salgados e geleia de figos roxos (página 230)

Brunch de primavera

Milk shake de amora e Smoothie de manga-caju (página 32)

Müslie crocante com mel e sementes de abóbora (página 34)

Bocados de ricota no forno com abacate (página 24)

Pizza bianca (página 136)

Tortilhas de batata com azeitonas e ovos pochês (página 160)

Almoço de domingo

Sopa cremosa de feijões, salsão e chermoula (página 126)

Cevadinha francesa, cogumelos e abóbora (página 222)

Legumes verdes e tarator de nozes (página 186)

Torta invertida tipo tatin de pera, queijo parmesão e massa com tomilho (página 224)

Jantar rápido entre amigos

Salada Shopska (página 168)

Risoto de erva-doce e limão (página 201)

Aspargos com migalhas de brioche (página 186)

Sorvete de baunilha de qualidade e calda quente de caramelo salgado (para o caramelo com sal: página 226)

Sugestões de cardápios 247

Sugestões de cardápios

Jantar romântico

Gaspacho branco (página 116)

Rolo de massa com abóbora-espinafre e manteiga com sálvia (página 216)

Torta de chocolate amargo e caramelo salgado (página 226)

Frutas ao vinagre e prato de queijos (página 244)

Almoço asiático

Rolinhos primavera... de verão (página 206)

Tofu crocante com cinco especiarias, molho de soja e gengibre (página 154)

Berinjela assada com repolho chinês, amendoim e manjericão tailandês (página 182)

Como sobremesa, um melão bem maduro, mamão e fatias de manga.

Piquenique de verão

Gaspacho andaluz (página 114)

Pissaladière (página 194)

Salada de nectarina e tomate com mussarela de búfala (página 210)

Pão com fermento natural sem amassar (página 134)

Frutas vermelhas da estação e iogurte caseiro (para o iogurte: página 36)

Aperitivo

Grãos de bico assado com temperos (página 105)

Panelles com caponata (página 46)

Folhas de bétel com coco e castanha de caju (página 208)

Mousse de lentilha, homus de cenoura e torrada no alho (página 54)

Crepes de salsa e caviar de berinjela com sementes de romã (página 204)

Sugestões de cardápios 249

Glossário

Assar massas sem recheio
Assar a massa sem recheio garante o efeito crocante. Forre uma fôrma com um círculo de massa, em seguida deixe descansar por alguns minutos na geladeira. Coloque uma folha de papel manteiga ou um quadrado de papel alumínio sobre a massa. Espalhe sobre o papel uma boa camada de legumes secos ou de arroz cru e em seguida asse por 15 minutos a 190 ºC. Retire o papel alumínio e coloque a fôrma novamente no forno por 5 a 10 minutos até que a massa aparente estar seca e "granulosa" (nesta etapa, ela não fica dourada).

Burrata
Queijo do sul da Itália, feito à base de leite de búfala ou de vaca. Ele se parece com a mussarela, mas no meio (centro) é cremoso. Deve ser consumido o mais fresco possível, para apresentar de forma completa um sabor suave e cremoso. Você pode encontrar burrata em mercearias italianas ou em mercados especializados.

Daïkon, mouli ou rabanete branco
Rabanete grande branco em forma de cenoura, crocante, muito popular em toda a Ásia. Pelo seu tamanho e sabor suave, ele é frequentemente cortado em fatias ou ralado e depois preparado com vinagre e consumido como tempero ou acrescentado em refogados. Pode ser encontrado em mercearias asiáticas, em grandes supermercados ou em feiras. Conserva-o na geladeira ou em uma dispensa arejada.

Erva-Cidreira (Capim-Limão/Capim-Santo)
Planta aromática com sabor e aroma de limão, também chamada de "citronela asiática". Corte a extremidade dura, retire aproximadamente 3 cm da outra extremidade, bem como as folhas externas duras. Corte a parte tenra em fatias ou pequenos quadrados, retirando as partes duras, se houver. Amasse os caules duros com um rolo de confeitaria (rolo de macarrão) e mergulhe-as na água do arroz ou em um molho que estiver sendo feito. A erva-cidreira também é excelente em pratos doces.

Esterilização
Para esterilizar as garrafas, potes, jarros e tampas para que você faça conservas, comece lavando cuidadosamente os utensílios em água quente com sabão. Enxágue-os em seguida com água fervente. Aqueça previamente o forno a 150 ºC e leve as garrafas, jarros e tampas ao forno por 10 minutos para secar. Você deve enchê-los enquanto estiverem quentes, para que o vidro não quebre. Feche os recipientes em seguida, lacrando-os cuidadosamente com as tampas.

Farinha de grão de bico
Farinha também chamada de "besan" feita com base de grão de bico. Sem glúten, ela tem um leve gosto de avelã torrada. Ideal para fazer a massa de roscas e dar consistência aos legumes de pakoras ou bhajis. Também é com a farinha de grão de bico que se faz a famosa socca de Nice ou as farinatas e panquecas italianas.

Folhas de betel
As folhas comestíveis do betel (Piper betle) são muito utilizadas em todo o sudeste da Ásia. Se você as utilizar como pequenas xícaras para que contenham um recheio, vire a parte brilhante das folhas para o lado externo. Você encontrará folhas de betel na parte de produtos frios nas mercearias asiáticas. Conserva-as na geladeira e as consuma de imediato.

Harissa
Massa feita com pimentas vermelhas, tomates e páprica forte, originária do Norte da África. Ela também contém especiarias como o cominho, o coentro, o alho, o limão, a pimenta-do-reino e inclusive botões de rosas. Compre-a em lojas especializadas ou no supermercado e conserva tudo em um pote fechado na geladeira. Utilize-a em marinadas, em molhos vinagrete, em tajines[1], em sopas e em cozidos.

Massa de pasta
Prepare esta massa para fazer excelentes tortellis de borragem (ou espinafre) e manteiga com sálvia de Francesco Mazzei, página 218, ou para fazer um prato de massa do seu jeito.
INGREDIENTES:
30 g de farinha de trigo
9 gemas de ovos
semolina ou sêmola de trigo duro
Despeje a farinha em uma área de

[1] Ensopado marroquino bem condimentado feito em panela de barro tampada, em cozimento lento. Pode ser feito de legumes com vitela, cordeiro, frango, peixes e até com frutas. (N.T.)

trabalho. Faça um poço (uma cavidade) no centro. Coloque as gemas de ovos na cavidade. Com uma mão, misture as gemas e a farinha, fazendo um movimento circular a partir do centro, trazendo progressivamente um pouco mais de farinha para o centro. Pare de misturar a massa quando você obtiver uma bola de massa ligeiramente folhada. Talvez você não precise de toda a farinha, ou pelo contrário, talvez você precise acrescentá-la. Lave e seque as suas mãos, em seguida trabalhe a massa por aproximadamente 10 minutos até que ela esteja bem lisa e macia. Acrescente farinha se a massa estiver muito grudenta. Cubra-a com filme de PVC para alimentos e deixe descansar por aproximadamente 30 minutos até 1 hora. Você pode preparar a massa na véspera e conservá-la na geladeira, bem coberta/protegida em um filme de PVC para alimentos.
Quando você tiver preparado o recheio, corte a massa em 6 pedaços regulares (cubra os pedaços que você não utilizar para que não ressequem). Passe cada pedaço entre os rolos de uma máquina de macarrão (espaçamento máximo). Repasse as linguetas de macarrão várias vezes pela máquina, primeiramente dobrando-as em três. Polvilhe a semolina sobre elas para impedi-las que se grudem. Não se preocupe se a massa estiver "delicada como uma renda", isso se resolverá ao passar a massa várias vezes pela máquina, depois de ter dobrado novamente as linguetas. Agora, pare de dobrar as linguetas da massa e passe-as na máquina apertando progressivamente os rolos. Pare quando chegar ao penúltimo grau. Distribua as linguetas da massa sobre uma área de trabalho polvilhada de semolina. Se você não possuir máquina, abaixe a massa com a ajuda de um rolo de macarrão o mais finamente possível, sobre uma área de trabalho ligeiramente enfarinhada. Continue seguindo a receita dos tortellis com borragem, com espinafre ou uma outra folha verde de sua escolha.

Melaço de romã
Xarope agridoce, vermelho escuro, espesso e grudento, obtido pela redução do suco de romã. Seu sabor amargo é muito apreciado em todo o

Oriente, principalmente para reforçar o gosto da carne vermelha e das aves ou para aromatizar molhos que cobrirão legumes assados. Pode ser substituído por suco de limão misturado com mel ou tamarindo. Também pode ser diluído para servir como bebida.

Molho de soja
Molho salgado de origem asiática, feito à base de grãos de soja fermentada, grãos de trigo, grãos de lêvedo, sal e açúcar. Pode ser claro ou escuro: o molho de soja escuro é ligeiramente mais espesso e mais suave do que o claro. Se você quiser evitar o trigo, substitua-o pelo seu equivalente sem trigo, o tamari.

Nuoc-mam vegetariano
Talvez você procure este produto há muito tempo e não o tenha encontrado, mas ele existe! As boas mercearias asiáticas geralmente vendem esta versão vegetariana do nuoc-mam, feita com base de cogumelos. Se você não encontrá-lo, o substitua por molho de soja claro.

Óleo de gergelim tostado
Óleo ambar extraído das sementes de gergelim torradas. Este processo proporciona ao óleo sua coloração dourada e o seu sabor aromático indissociável de muitos pratos chineses, coreanos e do sudeste da Ásia. Acrescente algumas gotas deste óleo no final do cozimento, para que o calor não destrua o sabor do óleo. São necessárias apenas algumas gotas para aromatizar um prato.

Pimenta chipotle
Nome dado à pimenta jalapenha quando está seca e defumada. É uma pimenta mexicana muito forte. Pode ser encontrada seca ou em pasta (em pote). Ela aromatiza os pratos com um sabor defumado. Acrescente 1 pimenta chipotle inteira em seus cozidos e sopas ou 1 ou 2 colheres de chá de pasta. Utilize esse ingrediente com parcimônia (precaução), pois é muito picante.

Ras el hanout
Literalmente quer dizer "a cabeça da mercearia". Mistura de temperos marroquinos, principal produto das mercearias árabes. Algumas versões contem mais de 100 ingredientes

distintos, mas a base sempre é a mesma: coentro, cominho, canela, cúrcuma, cravo, noz-moscada, cardamomo e pimenta. Utilize essa mistura de especiarias em marinadas, molhos vinagretes e molhos em geral.

Sambal oelek
Condimento forte de origem indonésia, feito com base de pimenta moída. Serve para realçar o curry, marinadas e molhos. Utilize-o com cuidado, pois é bem picante. Você pode substituí-lo por pimenta vermelha finamente picada, moída e com um pouco de sal.

Soro de leite coalhado
Na origem, o soro do leite coalhado é um sub-produto da fabricação da manteiga. Atualmente, ele é fabricado pelo azedamento do leite desnatado. A partir daí, resulta em um produto lácteo que se assemelha a um iogurte diluído. O soro do leite coalhado permite a realização de crepes macias e também do rápido crescimento do pão que se torna mais leve, quando é associado ao bicarbonato de sódio.

Tahini
Pasta de grãos de gergelim de cor de betume, utilizada no oriente e em toda a Ásia. O tahini que encontramos frequentemente na Europa é um tahini leve, nomeado assim pois os grãos de gergelim foram descascados antes de serem torrados e moídos. Esse é um processo que reduz o gosto amargo do gergelim. Conserve na geladeira o pote com esta pasta. Utilize essa pasta para fazer homus, molhos vinagretes e molhos em geral.

Tamarindo
Pasta feita a partir da polpa dos frutos do tamarindo, muito difundido (utilizado)na culinária indiana e no sudeste da Ásia. Essa pasta proporciona aos pratos um sabor agridoce extremamente agradável. A fruta escura cobre as sementes duras envoltas por uma polpa densa agridoce. Você pode obter purê de tamarindo pronto em potes, mas os blocos de polpa fresca são mais saborosos. Se você utilizar um bloco de polpa, coloque 40 g da pasta em um pote e cubra-a com 150 ml de água fervente. Deixe amolecer por alguns minutos. Misture e em seguida coe para reter as fibras e as sementes.

Use esta polpa como você utiliza uma pasta pré-ponta.

Tempeh
Produto feito à base de soja fermentada, apresentado na forma de bolo amassado de cor pálida e textura firme. É rico em proteínas, fibras e vitaminas. Pode ser fatiado, cortado em cubos ou até mesmo ralado para depois ser torrado, refogado ou acrescentado em currys ou tortilhas de legumes. Também é possível encontrar em salmoura ou marinado com ervas aromáticas e temperos. É encontrado em lojas de produtos orgânicos.

Tempero
Sal marinho e pimenta-do-reino moída na hora fazem toda a diferença... Provavelmente, você utilizará menos do que se fosse utilizar sal de mesa básico e pimenta-do-reino moída. Não hesite em experimentar e adequar o tempero. Se você tem a mão um pouco pesada para colocar o sal, tente remediar a situação, utilizando um traço de suco de limão ou vinagre.

Torrefação no fogão ou no forno
Pode-se torrar temperos, frutas oleaginosas e sementes em fogo médio, em uma panela completamente seca (sem adição de gordura) antes de moê-las ou de incorporá-las em uma mistura ou preparo. Este procedimento permite que o aroma se desenvolva e que revele o sabor das avelãs e das frutas, devolvendo-lhes o seu óleo natural. Para torrar frutas oleaginosas e sementes no forno, espalhe-as em uma assadeira e as cozinhe por 8 a 10 minutos. Chacoalhe (sacuda) 1 ou 2 vezes a assadeira para que o cozimento seja uniforme.

Vinagre de arroz
Vinagre obtido pela fermentação do arroz, tradicionalmente utilizado na culinária do sudeste da Ásia. Pálido, translúcido e picante, é ideal para molhos, pickles e marinadas. Pode ser encontrado em supermercados e em mercearias asiáticas.

Vinagre negro chinês
Vinagre doce feito à base de arroz grudento e de malte. Deve ser utilizado em pequenas quantidades para fazer molhos, marinadas e refogados. Pode ser substituído por vinagre de arroz, acrescentando a ele uma pitada de açúcar mascavo.

Índice

A

Abacate

Bocado de ricota no forno com abacate, 24

Homus de grão-de-bico germinados e abacate, 60

Salada de abacate, pickles de cenoura e rabanete branco ao molho satay, 84

Sopa de legumes crus com abacate, 108

Abóbora

Caldo espesso de abóbora e milho verde, 122

Cevadinha francesa, cogumelos e abóbora, 222

Falafels de abóbora com coentro e iogurte com pepino, 42

Müsle crocante com mel e sementes de abóbora, 34

Rolo de massa com abóbora-espinafre e manteiga com sálvia, 216

Tortinhas picantes de abóbora e queijo feta, 64

Abobrinha

Mini omeletes de flores de abóbora e tomates, 52

Risoto de abobrinha e queijo taleggio, 200

Alcachofras

Alcachofras, farinha de rosca com limão e orégano, maionese cítrica, 192

Salada de alcachofra com favas, massa risoni e lascas de queijo pecorino, 86

Alho

Farinha de rosca torrada com alho, 104

Manteiga com alho e finas ervas, 234

Mousse de lentilha, homus de cenoura e torrada no alho, 54

Risoto de alho selvagem, 201

Amêndoas

Aveia em flocos ao leite de amêndoas e xarope de bordo, 22

Couve-flor com cominho, pimenta e amêndoas, 150

Salada quente com tomates assados, queijo labna e amêndoas sobre mujadara, 76

Torta de amêndoas e compota de frutas vermelhas, 228

Arroz frito com castanha de caju, 162

Aspargos

Aspargos com migalhas de brioche, 186

Aspargos brancos e molho "beurre blanc" no champanhe, 212

Aspargos grelhados, salada de cevada e molho de cebolinha, 96

B

Batatas

Batata doce com especiarias, 187

Batatas no cominho e guacamole, 56

Tortilhas de batata com azeitonas e ovos pochês, 160

Béchamel, 241

Bolinhos de cenoura com coentro, queijo de cabra e molho de limão, 146

Bolinhos indianos, 66

Beterraba

Caldo de beterraba e cogumelo, 124

Carpaccio de beterraba e figo, com molho "tapenade", 187

Berinjelas

Berinjelas ao missô à moda japonesa, 148

Berinjela assada com repolho chinês, amendoim e manjericão tailandês, 182

Crepes de salsa e caviar de berinjela com sementes de romã, 204

Tian de tomates e berinjelas, 214

Bleu

Manteiga com queijo tipo "bleu" e pimenta-do-reino, 234

Bocados

Colheradas de queijo e pimentão assado, 48

Bocados de ricota no forno com abacate, 24

Brioche

Aspargos com migalhas de brioche, 186

C

Caldo

Caldo de beterraba e cogumelo, 124

Caldo de legumes, 186

Caldo espesso de abóbora e milho verde, 122

Carpaccio

de beterraba e figo com molho "tapenade", 187

de legumes de verão e molho de raiz forte, 144

de raíz forte, 144

Castanhas assadas e tupinambos, 180

Cebola roxa assada e recheada com sêmola de cuscuz, 178

Cebolinha

Aspargos grelhados, salada de cevada e molho de cebolinha, 96

Cenoura

Mousse de lentilha, homus de cenoura e torrada no alho, 54

Bolinhos de cenoura com coentro, queijo de cabra e molho de limão, 146

Salada de abacate, pickles de cenoura e rabanete branco ao molho Satay, 84

Cevada

Aspargos grelhados, salada de cevada e molho de cebolinha, 96

Cevadinha francesa, cogumelos e abóbora, 222

Fritatta de ervilhas, cevada e favas, 198

Chermoula, 244

Cítrico

Alcachofras, farinha de rosca com limão e orégano, maionese cítrica, 192

Coentro

Falafels de abóbora com coentro e iogurte com pepino, 42

Bolinhos de cenoura com coentro, queijo de cabra e molho de limão, 146

252 Índice

Cogumelos

Caldo de beterraba e cogumelo, 124

Cevadinha francesa, cogumelos e abóbora, 222

Mini panquecas vietnamitas com cogumelos, 58

Trouxinhas de couve e de cogumelos, molho de vinagre preto, 44

Compota de pimentões, 242

Couve

Couve-flor com cominho, pimenta e amêndoas, 150

Couve-flor com pangrattato, 201

Crepes

Crepes de salsa e caviar de berinjela com sementes de romã, 204

Crepes finas crocantes de parmesão, 105

Mini panquecas vietnamitas com cogumelos, 58

Panquecas gratinadas com espinafre, ervas finas e ricota, 188

Cubos de polenta com azeitonas, 105

D

Dhal de tomates e espinafres, 169

E

Espinafre

Dhal de tomates e espinafres, 169

Panquecas gratinadas com espinafre, ervas finas e ricota, 188

Rolo de massa com abóbora-espinafre e manteiga com sálvia, 216

F

Falafels de abóbora com coentro e iogurte com pepino, 42

Farinha de rosca

Alcachofras, farinha de rosca com limão e orégano, maionese cítrica, 192

Aspargos com migalhas de brioche, 186

Farinha de rosca torrada com alho, 104

Folhas de bétel com côco e castanha de caju, 208

Favas

Fritatta de ervilhas, cevada e favas, 198

Salada de alcachofra com favas, massa risoni e lascas de queijo pecorino, 86

Figo

Carpaccio de beterraba e figo com molho tapenade, 187

Geleia de figo roxo para o queijo e para os canapés, 230

Salada de camembert, rúcula, figos marinados e molho de nozes, 100

Molho tapenade de figo, 240

G

Girolles refogados com cerejas, 220

Sementes ao tahini, 104

Gomásio, 236

Gaspacho

andaluz, 114

branco, 116

Granola

Granola (müsle) com peras e nozes, 26

Granola (müsle) crocante com mel e sementes de abóbora, 34

Gratinado

panquecas com espinafre, ervas finas e ricota, 188

de legumes ralados com creme e queijo gruyère, 190

de nhoque com ricota e manteiga com salsa, 176

Grão-de-bico

Homus de grão-de-bico germinados e abacate, 60

Grão-de-bico assado com temperos, 105

Salada indiana com grão-de-bico, 98

Geleia

Geleia de figo roxo para o queijo e

para os canapés, 230

Geleia de tomate com pimenta, 242

H

Homus

Homus de grão-de-bico germinados e abacate, 60

Mousse de lentilha, homus de cenoura e torrada no alho, 54

I

Iogurte

Falafels de abóbora com coentro e iogurte com pepino, 42

L

Lasanha de mil-folhas com cogumelos, 196

Legumes verdes e tarator de nozes, 186

Limão

Alcachofras, farinha de rosca com limão e orégano, maionese cítrica, 192

Molho de limão, 238

Bolinhos de cenoura com coentro, queijo de cabra e molho de limão, 146

Salada de cuscuz com limões cristalizados e chermoula, 80

Limão verde

Manteiga com limão verde e pimenta, 234

Molho de gengibre e limão verde, 244

M

Maionese, 236

Milk Shake de amora, 32

Mil folhas (lasanha) com cogumelos, 196

Minestrone de verão, 120

Mini muffins de acelga e queijo brie, 40

Manjericão tailandês

Berinjela assada com repolho

Índice

chinês, amendoim e manjericão tailandês, 182

Manteiga

Aspargos brancos e molho "beurre blanc" no champanhe, 212

Manteiga com alho e ervas finas, 234

Manteiga com queijo tipo "bleu" e pimenta-do-reino, 234

Manteiga com salsinha, 234

Nhoque gratinado com ricota e manteiga com salsa, 176

Rolo de massa com abóbora-espinafre e manteiga com sálvia, 216

Tortelli recheado com borragem e manteiga com sálvia, 218

Missô

Berinjelas com missô à moda japonesa, 148

Mousse de lentilha, homus cenoura e torrada no alho, 54

Molho

de limão, 238

de gengibre e limão verde, 244

de gorgonzola, 240

de raíz forte, 144

holandês, 240

rústico com tomates assados, 242

verde, 238

tarator de nozes, 241

de tomate, 241

Molho Satay, 244

Salada de abacate, pickles de cenoura e rabanete branco ao molho Satay, 84

N

Nozes

Legumes verdes e tarator de nozes, 186

Müsle com peras e nozes, 26

Nozes ao xarope de bordo, 105

Rigatoni com pimenta e nozes, 166

Salada de camembert, rúcula, figos marinados e molho de nozes, 100

Tarator de nozes, 241

O

Orecchiette de brócolis e pignoli, 158

Orégano

Alcachofras, farinha de rosca com limão e orégano, maionese cítrica, 192

Ovos

Curry com ovos, 184

Tortilhas de batata com azeitonas e ovos pochês, 160

Ovos quentes de pato com palitos de aipo-rábano, 164

Mini-omeletes de flores de abóbora e tomates, 52

P

Pão com fermento natural sem amassar, 134

Pão expresso, 130

Pãezinhos de cherívia com alecrim, 138

Panelles com caponata, 46

Paninis com queijo de cabra e tomates grelhados, 30

Panzanella com queijo burrata, 168

Pesto

Pesto, 238

Risotto de tomates e pesto, 200

Salada de quinoa ao pesto de salsinha, com avelãs torradas e cogumelos, 88

Pimenta

Manteiga com limão verde e pimenta, 234

Geleia de tomate com pimenta, 242

Couve-flor com cominho, pimenta e amêndoas, 150

Rigatoni com pimenta e nozes, 166

Pissaladière, 194

Pimenta do reino

Manteiga com queijo tipo "bleu" e pimenta-do-reino, 234

Pimentão

Colheradas de queijo com pimentão assado, 48

Compota de pimentões, 242

Pizza

de legumes grelhados, 174

bianca, 136

Queijo

Bolinhos de cenoura com coentro, queijo de cabra e molho de limão, 146

Colheradas de queijo com pimentão assado, 48

Frutas ao vinagre para queijos e saladas, 244

Paninis com queijo de cabra e tomates grelhados, 30

R

Rigatoni com pimenta e nozes, 16

Raiz forte

Carpaccio de legumes de verão e molho de raíz forte, 144

Ricota

Bocados de ricota no forno com abacate, 24

Panquecas gratinadas com espinafre, ervas finas e ricota, 188

Nhoque gratinado com ricota e manteiga com salsa, 176

Risoto

alho selvagem, 201

pastinaca com sálvia e mascarpone, 172

bianco, 200

couve-flor com pangrattato, 201

erva-doce e limão, 201

tomates e pesto, 200

Rolo de massa com abóbora-espinafre e manteiga com sálvia, 216

Rolinhos primavera... de verão, 206

S

Smoothie de manga-caju, 32

Stromboli de azeitonas, 132

Salada

Cesar salad grelhada, 102

quente com tomates assados, queijo labna e amêndoas sobre mujadara, 76

de alcachofra com favas, massa risoni e lascas de queijo pecorino, 86

de abacate, pickles de cenoura e rabanete branco ao molho Satay, 84

de inverno, 78

de camembert, rúcula, figos marinados e molho de nozes, 100

de repolho roxo com gomásio, 187

de cuscuz com limões cristalizados e chermoula, 80

de nectarina e tomate com mussarela de búfala, 210

de mamão papaia verde, 186

de quinoa ao pesto de salsinha, com avelãs grelhadas e cogumelos, 88

de radicchio com laranjas, mussarela e croutons assados, 82

de legumes fatiados e sementes torradas, 74

Guacamole, 90

indiana com grão-de-bico, 98

Shopska, 168

Simples, 168

Salsão ou aipo

Aipo ao molho "remoulade" com alcaparras e mostarda, 152

Sopa cremosa de feijões, salsão e chermoula, 126

Soja

Talharim de soja com tamarindo, talharim de gergelim e legumes verdes, 142

Sopa

cremosa de feijões, salsão e chermoula, 126

de feijão preto com tomates secos, 118

de legumes crus com abacate, 108

fria de pepino com aipo das montanhas, 112

vietnamita agri-picante, 110

T

Tabule verde e salada de tomate cereja, 94

Tofu crocante com cinco especiarias, molho de soja e gengibre, 154

Tortelli recheado com borragem e manteiga com sálvia, 218

Trouxinhas de couve e cogumelos, molho de vinagre preto, 44

Tapenade

Carpaccio de beterraba e figo com molho "tapenade", 187

Molho "tapenade" de figo, 240

Torta

de tomate com estragão, 169

de chocolate amargo e caramelo salgado, 226

de amêndoas e compota de frutas vermelhas, 228

Tortinhas picantes de abóbora e queijo feta, 64

Tatin

de tomates cerejas, 169

de pera-parmesão e massa com tomilho, 224

Tempurá de legumes ao molho ponzu, 70

Terrina

de alho-porró com maionese, 68

do sol, 62

Tomate

Dhal de tomates e espinafres, 169

Geleia de tomate com pimenta, 242

Molho rústico com tomates assados, 242

Molho de tomate, 241

Paninis com queijo de cabra e tomates grelhados, 30

Mini omeletes de flores de abóbora e tomates, 52

Risoto de tomates e pesto, 200

Salada quente com tomates assados, queijo labna e amêndoas sobre mujadara, 76

Salada de nectarina e tomate com mussarela de búfala, 210

Sopa de feijão preto com tomates secos, 118

Tabule verde e salada de tomate cereja, 94

Tatin de tomates cerejas, 169

Tian tomates e berinjelas, 214

Tomates de forno, 242

Torta de tomate com estragão, 169

V

Molho de vinagrete balsâmico, 236

Agradecimentos

Obrigada, Catie. Sem o seu envolvimento e suas ideias, eu nunca teria conseguido realizar este projeto. Espero que ele encoraje cada um de nós a reduzir o consumo de carne de vez em quando.

Obrigada, Sue. Sua paciência e serenidade ao longo da edição foram impressionantes. Agradeço imensamente pela sua ajuda e por sempre achar as palavras certas.

Obrigada, Lisa, por ter sido tão gentil e engraçada a cada dia. Apesar da desordem da sua cozinha, você conseguiu fazer fotos realmente estonteantes!

Obrigada, Rashna, por ter tido a inspiração necessária para criar as páginas deste livro magnífico, cheias de charme e alegria!

E, à charmosa Lou, obrigada por ter ajudado de maneira preciosa nos dias de reportagem, você simplesmente é maravilhosa! Como eu teria feito sem você?

Obrigada, Alice Chadwick, por ter sabido e conseguido dar um toque de personalidade e de humor através de suas ilustrações magníficas.

Um agradecimento especial a Francesco, pela sacola de guloseimas que nos enviou durante a reportagem, e também para Petersham Nurseries, por ter nos emprestado muito gentilmente a bela mesa de zinco (nossa mesa "mágica"); graças a ela, muitas fotos deste livro foram realizadas.

Obrigada também aos chefs Stéphane, Skye, Rowley, Francesco e Tom, por terem tão generosamente contribuído para este livro com suas receitas. Elas o deixam ainda mais especial!

Stéphane Reynaud - Villa9trois - 28, rue Colbert, 93100 Montreuil, França.
Tel: +33 (0)1 48 58 17 37 www.villa9trois.com

Skye Gyngell - Petersham Nurseries Cafe - Church Lane, Off Petersham Road, Richmond TW10 7AG, Inglaterra.
Tel: +44 (0)208 605 3627 www.petershamnurseries.com

Rowley Leigh - Le Café Anglais - 8 Porchester Gardens, Londres W2 4DB, Inglaterra.
Tel: +44 (0)20 7221 1415 www.lecafeanglais.co.uk

Francesco Mazzei - L'Anima - 1 Snowden Street, Broadgate West, Londres EC2A 2DQ, Inglaterra.
Tel: +44 (0)20 7422 7000 www.lanima.co.uk

Tom Pemberton - Hereford Road Restaurant - 3 Hereford Road, Westbourne Grove, Londres W2 4AB, Inglaterra.
Tel: +44 (0)20 7727 1144 www.herefordroad.org

Edição Brasileira:
ADMINISTRAÇÃO REGIONAL DO SENAC
NO ESTADO DE SÃO PAULO
Presidente do Conselho Regional: Abram Szajman
Diretor do Departamento Regional: Luiz Francisco de A. Salgado
Superintendente Universitário e de Desenvolvimento: Luiz Carlos Dourado

EDITORA SENAC SÃO PAULO

Conselho Editorial: Luiz Francisco de A. Salgado
Luiz Carlos Dourado
Darcio Sayad Maia
Lucila Mara Sbrana Sciotti
Jeane Passos Santana

Gerente/Publisher: Jeane Passos Santana (jpassos@sp.senac.br)
Coordenação Editorial: Márcia Cavalheiro Rodrigues de Almeida (mcavalhe@sp.senac.br), Thaís Carvalho Lisboa (thais.clisboa@sp.senac.br)
Comercial: Marcelo Nogueira da Silva (marcelo.nsilva@sp.senac.br)
Administrativo: Luis Americo Tousi Botelho (luis.tbotelho@sp.senac.br)

EDITORA BOCCATO

Edição: André Boccato
Coordenação administrativa: Maria Aparecida C. Ramos
Coordenação editorial: Rodrigo Costa
Coordenação de produção: Arturo Kleque Gomes Neto
Tradução: Márcia Francener e Clara Jacq
Revisão ortográfica: Top Texto
Diagramação: Liliana Fusco Hemzo

Editora Boccato (Gourmet Brasil)
Rua dos Italianos, 845 – Bom Retiro – 01131-000
São Paulo – SP – Brasil – (11) 3846-5141
contato@boccato.com.br
www.boccato.com.br – www.cooklovers.com.br

```
Dados Internacionais de Catalogação na Publicação (CIP)
(Câmara Brasileira do Livro, SP, Brasil)

Hart, Alice
   Meu primeiro jantar vegetariano / Alice Hart ;
fotografias de Lisa Linder ; tradução Márcia
Francener. -- São Paulo : Editora Senac
São Paulo, 2012.

   Título original: Vegetarian.
   ISBN 978-85-396-0184-4

   1. Culinária vegetariana 2. Receitas I. Linder,
Lisa. II. Título.

12-00117                              CDD-641.5636
```

Índice para catálogo sistemático:
1. Receitas vegetarianas : Culinária 641.5636

Proibida a reprodução sem autorização expressa. Todos os direitos reservados a *Editora Senac São Paulo*.
Rua Rui Barbosa, 377 – 1º andar – Bela Vista – CEP 01326-010 – Caixa Postal 1120 – CEP 01032-970
São Paulo – SP –Tel. (11) 2187-4450 – Fax (11) 2187-4486
E-mail: editora@sp.senac.br – Home page: http://www.editorasenacsp.com.br

© 2010, Hachette Livro (Marabout)
Todos os direitos reservados. Toda reprodução ou utilização da obra, sob qualquer forma ou meio – eletrônico, fotocópia, gravação etc. –, é estritamente proibida sem a autorização do editor.
Impresso na Espanha